근대 초기 중국과 서유럽의 경제

'대분기 논쟁'을 논한다

이 역서는 2018년 대한민국 교육부와 한국연구재단의 지원을 받아 수행된 연구임(NRF-2018S1A6A3A01081098).

바다인문학번역총서 003

근대 초기 중국과 서유럽의 경제
'대분기 논쟁'을 논한다

초판 1쇄 인쇄   2022년 11월 21일
초판 1쇄 발행   2022년 11월 28일

지은이 패트릭 K. 오브라이언
옮긴이 현재열

발행인 윤관백
디자인 김민정
편 집 이경남 · 박애리 · 임현지 · 김민정 · 주상미
영 업 김현주

발행처 선인
등 록 제5-77호(1998.11.4)
주 소 서울시 양천구 남부순환로 48길 1(신월동 163-1) 1층
전 화 02)718-6252/6257 | **팩 스** 02)718-6253
E-mail sunin72@chol.com

정 가 15,000원
ISBN 979-11-6068-755-2 93900

바다인문학번역총서 003

근대 초기 중국과 서유럽의 경제

'대분기 논쟁'을 논한다

패트릭 K. 오브라이언 지음 | 현재열 옮김

선인

"나는 이 책이 친구이자 동료 경제사가인
봅 앨런과 피어 브리스와의
더 깊은 논의를 불러일으키기를 기대한다."

옮긴이 일러두기 ——————————————————————

1   본서는 Patrick Karl O'Brien, *The Economies of Imperial China and Western Europe: Debating the Great Divergence*, Cham, Switz.: Palgrave Macmillan, 2020을 번역한 것이다.

2   본서에서 나오는 외국어 발음 표기는 모두 국립국어원 외래어 표기법을 따랐다.

3   본문 각 장 말미에 별도로 참고문헌을 다는 편제는 원서의 편제를 따른 것이다. 단, 원서 참고문헌에 수록된 문헌의 서지사항 중에 잘못된 부분은 일일이 확인하여 수정하였다.

4   본문의 각주는 전부 옮긴이 주이며, 본문에 밑줄을 그어 강조한 부분은 원문의 것이다.

유라시아 역사에서 경제적 분기

권력의 역사와 함께, 물질적 성장의 역사는 한창 성장하고 있던 글로벌 역사학 분야에서 현재 출판된 메타 내러티브들이 가장 널리 다루는 것이다. 가속화되는 '글로벌화'의 시대에 "글로벌 경제"를 다 아우르고자 하는 역사의 모습은 전혀 놀라운 일이 아닐 것이다. 그것은 수천 년을 거슬러 올라가 시간순에 따라 사건 관계를 서술하여 세계 여러 대륙 전체에 위치한 부족과 사회, 공동체, 그리고 국가 경제들이 이룬 물질적 진보의 개별 수준을 자세히 밝히고자 한다. 그런 관심을 갖는 것은 줄곧 '인류를 시선에서' 놓치지 말아야 한다는 역사가의 사명을 밝히는 시험대와 같은 것이다. 역사의 대부분 동안 거의 모든 곳에서 거의 모든 사람들이 식량과 쉴 곳, 입을 것을 마련하고 기본적이고 편안한, 그리고 아주 최근의 일이지만, 모두가 동의할 만한 생활 수준을 지속하는 데 필요한 제조 가공물을 구하려고 전념해왔다.

여러 나라와 제국들의 부와 빈곤을 역사적으로 조사하는 전통은 헤로도토스(Herodotus)에서 시작되었지만, 근대적인 연구 패러다임은 탁월한 2명의 코스모폴리탄적 독일 지식인으로 거슬러 올라가는 것으로 족하다. 그들은 칼 마르크스(Karl Marx)와 막스 베버(Max Weber)이다. 두 학자는 모두 인도 경제와 중국 경제, 아메리카 경제, 러시아 경제 그리고 그 외 다른 경제의 전개에 계속 진지한 관심을 기울였다. 비록 동양의 종교, 철학, 도시, 국가에 대해선 베버가 마르크스 및 엥겔스(Engels)보다 더 진지하게 연구하여 글을 남겼지만 말이다.

그럼에도 마르크스적 접근과 베버적 접근을 구분하는 것이 –장기적 시간 범위에 걸쳐 서구와 동양 사이에 생활 수준과 그것의 상대적 하락을 이해하고자 할 때– 여전히 문제해결에 이르는 손쉬운 방법이다. 전자의 고전적인 방식은 세계 여러 곳에서 관찰되는 독특한 '생산양식'으로 체현된 물질적 진보의 가능성을 탐색하는 데 관심을 두는 것이었다. 반면 베버적 '연구 프로그램'은 두 가지 주요 조사 흐름으로 나눌 수 있다. 첫째는 패권적인 신념 체계(문화)의 비교이다. 그런 신념 체계는 경제 생활 내에서 개인적 행위와 집단 행위를 촉진하거나 제약하는 식으로 작용했다. 이런 비교 작업과 짝을 이루어 두 번째로는 역사적으로 볼 때 경제 활동을 품고 있는 정치적, 법적, 제도적 틀들이 세계 전역의 경제 발전을 어떻게 촉진하거나 방해했는지에 대한 경험적 분석이 있다.

마르크스적 사유 속에서는, "자본주의"가 지속적인 물질적 진보를 발생시킬 수 있는 유일한 생산양식이며, 이것은 임노동과 자본 축적에 기초를 둔다. 마르크스는 자본주의 이전의 생산양식에서 자본주의 생산양식으로 최초로 이행하는 일이 서유럽에서 처음으로 일어났다고 생각했다. 역사가들은 그 이행이 언제 유럽에서 일어났으며 그 이유는 무엇인가라는 마르크스의 질문을 계속 다루어왔고, 그 이후에야 다음과 같은 반대의 질문을 하게 되었다. 한국을 비롯한 아시아 전역에 걸쳐 유럽과 비슷한 자본주의로의 이행을 지체시키거나 저지한 생산양식이 있었다면, 그에 대해 우리가 알고 있는 것은 무엇인가?

최근 정통 마르크스주의에서 "벗어난" 별개의 마르크스적 패러다임이 역사사회학의 세계체제 학파가 수행한 연구를 통해 마련되었다. 그 '학파'는, 유럽이 상업 사회로 이행하고 이어서 산업 시장경제의 확립에 성공했던 것은 유럽인들이 대륙간 무역과 아메리카의 식민화로부터 때맞추어 결정적인 이득을 올렸기 때문이라고 주장한다. 이들은 상업과 제국주의를 유럽 국가 경제에 긍정적인 외부효과로 인식할 뿐 아니라, 세계 전역에서 유럽 항구로 운반되는 끝없이 증가하는 상품 흐름과 연관되어 나타난 자신에게 유리한 다양한 정치적, 제도적, 문화적 반응 및 파급효과를 포괄하는 것으로도 본다.

그 학파는 아시아, 아프리카, 아메리카로의 유럽 수출 시장의 확대와 다른 대륙에서 들어오는 수입품(생산적 지식을 구현하는)의 중요성을 강조하는데, 이런 강조는 논란의 대상이 되었다. 유럽 역사가들은 유럽을 자본주의나 상업 사회로 남보다 일찍 이행시킨 동력으로서 자신의 역사를 강조하는 경향이 있었다. 그래서 이제 문제가 되는 것은 세계 경제의 일부(유럽)에서 경제 성장을 촉진하고 아시아, 아프리카, 남아메리카에서는 그와 유사한 계기를 억제한 내생적 힘을 외생적 힘에 비교하여 명확히 가늠해 보는 것이다.

불행히도 현재 아시아적 생산양식이나 유럽 외부에 "봉건제"의 특정 형태가 있었나 없었나와 관련하여 나온 간행물들은 역사 서술이기보다는 이론이라는 느낌이 강하다. 게다가 여러 세기 동안 아시아 경제가 "유럽의 궤적"을 따르지 못하게 한 장애와 관련된 담론의 매개 변수와 구조, 어휘를 확립하는 데 더 영향을 준 것은 고전적인 마르크스주의보다는 베버적인 사유 방식들인 것 같다. 그런 장애로 인해 유럽의 궤적을 따르지 못한 것이 서구와 나머지 세계 사이에 생활 수준의 분기로 이어졌고, 이 분기는 1700년대에 등장하여 19세기와 20세기 동안에 뚜렷하게 되었다는 것이다. 그런데도 아시아 사회와 관련해 마르크스가 한 언급들은 오늘날, 그의 추종자들이 여러 세대에 걸쳐 맹목적으로 따라가며 어디서나 볼 수 있고 변치 않는 아시아적 생산양식을 찾게 만든 유럽 중심적 사고의 전형으로 여겨지고 있다.

사실상 물질 진보의 글로벌 역사를 구축하는 데 필요한 매개 변수들을 설정해 온 것은 막스 베버의 접근 방식과 질문들 그리고 조사 원칙들이었다. 베버는 동양이 아니라 서구에서 자본주의가 발전한 이유를 이해하기 위해 장기적인 시간 범위를 다루었고, 고전 문명 및 동양 문명에 대한 글들을 폭넓게 읽었으며, 비교 방법을 사용했다. 그는 인도, 중국, 일본 그리고 한국 같은 경제들이 역사적으로 인상적인 과학·기술적 성취를 이루었음을 인정했다. 그는 유럽의 배와 상인들이 16·17세기 동안 인도양과 중국해 전역에 걸쳐 정기적으로 항해하기 오래전에 아랍인과 아시아인들이 국내 및 대외 무역의 수행을 위해 정교한 체제와 효율적인 제도를 갖추었음을 알고 있었다.

　　하지만 베버는 또한 서구의 발전에 아메리카가 가진 경제적 중요성에 대해 애덤 스미스(Adam Smith)나 칼 마르크스만큼 강하게 인정하지는 않았다. 그는 대서양횡단 무역과 식민화로부터 얻는 이익을 여러 세기에 걸친 유럽 역사 동안 유럽 내의 경제 성장을 촉진하도록 작동해온 내생적 힘들 위에 두고자 하는 마음도 없었다.

　　물질 진보의 장기 역사에 대한 메타 내러티브에 대륙간 연계의 분석을 포함시키는 데 관심을 가진 학자들을 위해, 베버는 지난 400년에 걸친 서구의 경제적 성공과 동양의 상대적 실패를 말하는 근대적 이야기들에 강력한 영향력을 행사해 온 테마들을 정초했다. 계몽 사상가들과 마찬가지로, 그는 유럽 경제 활동(특히 대내외 무역)을 아시아 경제와 비교할 때 그것을 담고 있는 유럽의 제도적, 이데올로기적, 법적 틀에서 식별 가능한 대비가 여러 세기 동안 확산되어 온 것이라고 믿었다. 아울러 그는 종교적 신념과 가족 생활, 문화적 조건 부여, 제도적 틀, 정치 체제에서 뚜렷하게 보이는 차이들이 경제 성장의 경로상에 분기를 촉진했고 이것이 결국 부유한 나라와 가난한 나라 사이에 명확한 구분을 낳았다고도 믿었다.

　　따라서 최근 수십 년 동안 활동한 경제사학자 세대는 서구의 경제적 우위의 역사를 글로벌적 시각 속에서 설명하고자 하는 베버의 전통 내에서 작업했다. 베버는 그들에게 이를 위한 접근방법과 어휘와 몇 가지 시사적인 가설들을 남겼고, 그들은 이를 받아들이고 수정하거나 또는 거부하기도 했다. 지금은 당(唐)대 중국(618-907년) 이래 여러 세기에 걸친 '동양의' 농업과 공업, 도시, 상업망, 정보 전달, 무역, 과학, 기술, 문화, 사업 조직, 조세 제도, 국가 체계, 정부 정책, 자연을 이해하기 위한 우주론을 다루는 책과 논문들이 여러 서고를 꽉 채울 만큼 많이 나와 있다 - 이 중 일부는 제국주의 통치로부터 벗어난 지 얼마 되지 않은 대학 출신의 역사가들이 수행한 연구에 기초해 있다. 이런 인상적이지만 양적인 면에서 여전히 그만큼 포괄적이지는 못한 역사적 조사들은 나아가 북아메리카와 유럽, 오스트레일리아, 일본 대학들 출신의 지역 연구 전문가들을 통해 서구로 전달되었다. 제2차 세계대전이 끝난 뒤 오래지 않아 탈식민화의 시기 동안 역사가들은 물질 진보의 글로벌 역사를 구성하기 위해 그때까지 국가적 수준에서 이루어졌지만 연결되지 않은 채로 있던 부와 빈곤의 역사들을 서로 비교하여 재배치할 기회를 제공받았다 - 이런 기회를 제공한 것은 거대하고 수준 높은 지식 체계(유럽과 북아메리카에 대해서는 오래전부터 활용 가능했지만, 아시아와 중동, 아프리카 및 라틴 아메리카에 대해선 막 등장하고 있던)의 축적이었다. 이렇게 구축된 물질 진보의 글로벌 역사를 글로벌 역사학의 학문적 성과로 인정하고 있는 것이다.

유라시아 대륙의 서쪽 끝과 동쪽 끝 사이에 생활 수준상의 분기가 언제 있었는지 그 시점을 정하는 것이 필요하리라는 것은 명백하다. 그곳들 사이에 일인당 실질 소득 및 노동 생산성 상의 이론의 여지 없는 격차가 산업혁명 이전에 분명 진행되었다는 추정은 통계 데이터로 뒷받침될 수 없기 때문이다. 실제로 아시아사에 대한 최근 연구는, 서유럽의 생활 수준과 중국, 남인도, 동남아시아의 임해 지역의 생활 수준이 18세기에 대분기가 일어나기 전에는 눈에 띌 정도로 크게 다르지 않았을 수도 있음을 제시하는 증거를 제출해왔다. 물론 그 증거들도 얼마간 불완전하고 지역적으로 특정하며 여전히 확정을 내리기는 힘든 것이지만 말이다.

그런 시각으로 인해, 상대방에게서 "유럽 중심적"이라고 불리는 글로벌 역사가들은 "북서" 유럽의 경제가 확실히 아시아의 발전된 지역들보다 몇 세기 앞서 효율적인 산업 시장경제로 일찍 이행할 가능성이 잠재적으로 더 많은 궤적 위에 있었다는 수량화로 입증되지 않는 단언들에 의지하게 되었다. 관례상 유럽의 문화, 정치 체제, 사적 소유권, 법체계, 믿을 만한 지식의 발견과 확산에 유리한 체제, 상업 및 금융 조직, 무역망, 상품 시장, 노동 시장, 자본 시장, 이 모든 것들이 아시아의 생산 체제에서 볼 수 있는 어떤 것보다 유럽에서 다음의 것들을 발생시킬 가능성이 더 많다고 표현된다. 즉 공장과 기계화된 공업 그리고 증기기관에 기초한 육상 및 해상 운송의 전제 조건들, 비(非)생물계 에너지 형태의 발생을 위한 전제 조건들, 집중적인 입지와 기능적인 농장 및 회사로 농업 및 상업을 재편하기 위한 전제 조건들이 그것들이다.

30년도 더 전에 마샬 호지슨(Marshal Hodgson)(오늘날 글로벌 역사학의 대부 중 한 명)은 이런 견해를 밝혔다. "서양에서 근대 이전에 나타난 중요한 특징을 들먹이며 생활 수준상의 분기를 설명하려고 하는 시도를 치밀하게 역사적으로 분석해 보면, 그 모든 시도는 잘못된 것으로 볼 수밖에 없다." 제2차 세계대전 이후 두 세대에 걸친 인도와 중국, 동남아시아에 대한 연구들(페르낭 브로델[Fernand Braudel], 키르티 초두리[Kirti Chaudhuri], 군더 프랑크[Gunder Frank], 잭 골드스톤[Jack Goldstone], 잭 구디[Jack Goody], 존 홉슨[John Hobson], 케네스 포메란츠[Ken Pomeranz], 존 리드[John Reid], 스기하라 가오루[Kaoru Sugihara], 데이비드 워쉬브룩[David Washbrook], 빈 웡[Bin Wong], 해리엇 전도퍼[Harriet Zurndorfer], 프라산난 파르타사라티[Prasannan Parthasarathi], 빅터 리버먼[Victor Lieberman] 등이 최근 여러 저술들을 통해 종합해 온)은 이에 동의한다. 근대 초기 동안 유럽과 아시아가 달성한 경제 발전의 수준과 유형을 그 나름의 인상적이고 세부적인 비교를 통해 살펴보면서, 브로델은 "세계의 인간이 거주하는 지역들은 인구수로 인해 야기된 수요에 대처해야 했는데, 이런 점에서 우리가 볼 때 그 지역들은 서로 아주 가까웠던 것으로 보인다"고 추론했다. 그러나 그는 나아가 "유럽과 세계의 나머지 사이에는 역사서술상의 불평등"이 존재한다고 하면서 이렇게 밝혔다. "유럽은 역사가를 발명하여 그들을 충분히 이용했다. 유럽 자신의 역사는 잘 밝혀져 있어 증거라고 불리거나 자격으로 이용될 수 있다. 비(非)유럽의 역사는 여전히 쓰고 있는 중이다. 그리고 지식과 해석의 균형이 회복될 때까지 역사가는 세계사라는 고르디우스의 매듭(Gordian knot)을 끊는 데 주저할 것이다."

오늘날의 역사 연구는, 중국 경제와 서유럽 경제 간의 "대분기"를 둘러싼 중대한 논쟁이 예시하듯이, 마르크스주의와 베버 사상에 입각한 단언들을 단순히 되풀이하는 것에 호된 평가를 내렸다. 이런 단언들은, 산업혁명 이전 여러 세기 동안 아시아의 경제 활동을 담고 있던 정치적, 제도적, 문화적 틀이 다음의 진보를 크게 방해했다는 점에서 수백 년에 걸친 역사 동안 유럽과는 달랐다고 주장한다. 즉, 상품 시장 및 요소 시장들의 발전 및 통합과, 금융 중개업의 발전, 사적 소유권의 확산, 상업 네트워크의 작동, 프로토 산업화, 그리고 무엇보다 농업의 상업화가 방해받았다는 것이다. 그렇지만 아시아(와 아울러 유럽) 경제에 대한 엄청난 양의 역사 연구를 종합하여 밝힌 견해들은 유라시아 전역에 걸쳐 다양한 선진 지역과 그보다 발전 수준이 낮은 지역들이 존재했을 뿐만 아니라 "놀랄 만한 유사성을 가진 세계"가 있었음을 근거에 입각하여 제시하고 있다. 실제로 각 지역을 전문적으로 연구한 문헌들을 대략 살펴보기만 해도, 마르크스적 해석과 베버적 해석이 통째로 쓸모없게 된다. 더 이상 산업혁명 이전 여러 세기 동안 유럽 경제가 사실상 예외적으로 자본주의로의 이행을 겪었다는 것을 당연한 것으로 여길 수가 없다. 유럽 경제가 시장의 형성과 통합, 작동에 눈에 띄게 더 효율적인 법적, 행위적, 제도적, 정치적 틀을 발전시켰고, 그럼으로써 (완만한 속도에 새로운 기술의 도움이 제한적이었음에도) 스미스적 성장 모델에 적합한 경로를 따라 진보할 수 있었다는 것도 마찬가지이다. 게다가 산업화 이전 시기 아시아를 연구하는 역사가들은 근면하고 의욕적인 가구들이 자신의 가외 소득을 소유물과 사치품을 과시하는 데 쓰도록 조장한 "문화들"을 분석했다. 그들의 연구는, 베르너 좀바르트(Werner Sombart)(와 그를 따르는 오늘날의 유럽인 학자들)가 예상한 바와 달리, 물질 생활의 공통적인 특성들이 유라시아 대륙 전체의 수많은 도시와 읍성, 마을들에 나타났음을 밝히고 있으며, 따라서 "물질 문화의 성장"을 서유럽에 독특한 "소유욕이 강하고" "근면한" 가구와 효율적인 제도에 고유한 것으로 특정할 수 없게 만든다.

나아가 왕조의 성격과 영토 면에서 유럽 국가들 사이에 나타난 다양성이 근대 초기 중상주의 시기 동안 시장력의 작동에 시종일관 더욱 유리한 조건을 제공했다는 시각 역시 분석을 통해 지나치게 단순한 것으로 판명되었다. 반면에 동양의 "전제적" 제국들의 황제와 술탄, 왕들, 관료들이 경제를 지배하고 자신의 재정 및 금융 체계를 운영했으며, 이것은 유럽보다 약탈적이고 자의적이며 경제적 진보에 일관되고 독특하게 해로운 것으로 여겨질 수 있다는 주장은 허구로 드러났고, 이런 허구는 이제 점점 더 한물간 역사 지식으로 여겨진다.

최근에 재구성된 "놀랄 정도로 유사성을 가진 세계"의 경제사에서는 스미스적 성장의 규범적인 설명 ─유라시아의 제한적이고 상대적으로 저개발 상태의 융기 내에서 유럽 경제가 독특하게 시장 주도적인 궤적 위에서 점진적이지만 거침없이 성장했다는 식의 설명─ 을 쉽게 유지하기가 힘들어 보인다. 서양의 너무나도 많은 '중대한' 특징들이 동양의 어디에나 있었을 뿐 아니라 서양보다 앞서 두드러졌음이 드러났기 때문이다. 아마도 그런 베버적인 (그리고 역시 마르크스적인) 인식은 또 다른 연구와 논쟁을 통해 부활하여 보강될 수도 있을 것이다.

연구를 통해 시간과 공간을 가로질러 요소 시장 및 상품 시장 발전의 규모와 범위, 강도 상에서 의심의 여지 없는/반박의 여지 없는 차이가 기술되고 아마도 측정될 수도 있을 것이다(심지어 기존 역사들 사이에서 이런 류의 탐색이 재개되고 있기도 하다). 한편으로 아시아 경제사의 최근 재설정이 알려져 받아들여지고 역사 논쟁이 재설정되면서, 우리는 동양과 서양 사이의 생산성 및 생활 수준상의 분기를 더욱 미묘한 차이를 가지고 세심하게 특정하면서 증거에 기초를 두고 장기 역사적으로 제시하는 설명이 되살아날 것이라고 예상할 수도 있을 것이다. 분기가 18세기 동안 등장하여 19세기를 거치며 명백하게 되었고 20세기 동안 극명했다가 오늘날 사라지고 있다는, 역사가들이 오랫동안 동의해온 그 설명 말이다. 무엇보다도 한국을 비롯한 동아시아의 여러 지역에서, 역사가들이 설명할 필요가 있음을 시사하는 속도와 규모로 경제적 분기가 언제, 어떻게, 그리고 왜 등장하여 여러 세기 동안 지속되었는가?

최근 수십 년 동안 아메리카와 유럽, 그리고 일본의 대학들에서 고등교육을 수행하는 자리를 가진 수많은 경제사가들이 다음과 같은 메타 질문을 다루는 데 참여해왔다. 언제, 어떻게 세계의 여러 주민과 사회가 물질적 성공과 인간 복지의 수준이 여전히 뚜렷하게 열등한 나라에서 볼 수 있는 생활 수준으로부터 평균적인 생활 수준이 갈라져 나가는 곳들로 나누어지게 되었고 그 이유는 무엇인가? "분기" 문제를 다루는 그들의 교육과 연구 및 저술은 분명 동아시아에 위치한 일군의 국민 경제들에 영향받았다. 동아시아에서 이룬 오늘날의 경제적 성취는 높은 경제 성장률 및 구조 변동 수준을 분명 특징으로 가졌고, 이를 서유럽과 북아메리카, 오스트레일리아, 그리고 뒤에는 일본과 한국의 주민이 역사적으로 달성했고 구가한 생활 수준으로의 "수렴"이라고 표현한다.

이런 분기와 수렴의 과정들을 국제기구들이 하나하나 그려두고 측정해왔으며, 언론은 그것들을 국가적, 정치적, 지정학적 수준에서 널리 논의해왔다. 이런 과정들은 경제학자와 지리학자, 사회학자, 그리고 그 외 여러 사회과학자들 사이에서 학문별로 학술적 관심을 끌었고 많은 연구를 촉발했다. 유럽과 아시아 경제의 경제 성장을 매우 장기적인 시야에서 다루는 학술연구는 국가의 부와 빈곤을 다루는 고전적인 스미스적, 마르크스주의적, 베버적 조사 패러다임이 기초하는 시각을 재고할 만큼 충분히 진지하게 이루어졌고, 그 결과로 이제 그런 패러다임들을 사실상 쓸모없는 것으로 여겨도 무방하게 되었다.

여러 해전 나는 독서 및 연구 시간을 글로벌 경제사와의 연계에 더 많이 할애하기로 결정했다. 그 덕분에 나는 여전히 지적인 자극을 얻고 사회적으로 즐거움을 누리며 경제사가로서의 후반 경력을 보내고 있다. 그런 결정을 한 시기는 글로벌 경제사라는 분야가 세계 전역의 주요 대학 역사학부에서 생동맞게 모습을 드러내는 단계에서 두드러진 역할을 하는 양상으로 옮겨가는 "글로벌화"의 시대였다. 비교 연구의 형식으로 진행되는 이런 유형의 역사가 부활한 것은 아프로·유라시아 및 남아메리카의 경제·정치·문화에 대한 연구를 통해 자신들이 얻은 전문 지식을 공유하고자 하는 동료 학자와 친구들 간의 지적 협력에 무엇보다 크게 의존하고 있다.

나는 영국 및 유럽 경제사를 벗어나 연구와 독서를 수행하기 위해 옥스퍼드대학 세인트앤서니 칼리지(St Anthony's College)의 선임연구원이 되기로 결정했는데, 그것은 참으로 행운이었다. 그 결과로 나는 각자 자기 연구 대상 지역의 언어에 통달하고 중국 경제(마크 엘빈[Mark Elvin]), 인도 경제(타판 라이초두리[Tapan Raychaudhuri]), 이슬람 지역경제(로저 오웬[Roger Owen]), 일본 경제(앤 웨이스오[Ann Waswo]), 러시아 경제(앵거스 워커[Angus Walker]), 남아메리카 경제(제러미 에이들먼[Jeremy Adelman])를 전문적으로 연구하여 뛰어난 학술 업적을 낸 동료들 사이에서 연구할 수 있었다.

그러던 중에 나는 고(故) 제리 마틴(Jerry Martin)(르네상스 트러스트[Renaissance Trust]의 의장)이 서구의 과학·기술 혁신, 도시, 예술, 경제 진보의 상호 관련된 역사들에서 일어난 "성취와 창조성(Achievements and Creativity)"을 분석하고 논하기 위해 조직한 일련의 학술회의와 워크숍에 초빙되었다. 이런 학술회의와 워크숍에 참여하면서 나는 기존에 여러 동료 학자와 맺고 있던 네트워크를 좀 더 넓은 영역으로 확장할 기회를 얻었다. 뛰어난 기획자이며 발명가이고 사업가인 제리 마틴이 개최하고 이끌었던 워크숍과 학술회의에서는, 경제사와는 거리가 먼 여러 분과학문 출신의 학자들이 발견적 과정을 통해 수정을 거듭하며 얻은 혁신의 역사에 대한 연구 성과들을 제시했다. 그들(마가렛 보던[Margaret Boden], 앨런 맥팔레인[Alan Macfarlane], 스티븐 쉐핀[Steven Shapin], 로버트 폭스[Robert Fox], 사이먼 쉐퍼[Simon Schaffer], 롭 이리프[Rob Iliffe], 이언 잉스터[Ian Inkster], 페니 가욱[Penny Gouk])과 그들과 맺은 네트워크로부터 나는 새로운 지적 시각에서 경제 성장을 "알고 이해하는 방법들"을 알게 되었다. 이것은 내가 리버흄 트러스트(Leverhulme Trust)와 유럽과학재단(European Science Foundation)으로부터 연구비 수혜를 받을 때 큰 도움이 되었다. 그 덕분에 나는 그때까지 확립되어 확장되던 글로벌 경제사 분야 내에서 런던경제대학(London School of Economics)의 협력 연구 및 논의 프로그램들을 열 수가 있었다.

대학과 분과학문의 경계를 넘을 뿐 아니라 대륙까지도 넘나들며 네트워크를 맺으면서, 나는 캘리포니아 학파(California School)의 주도적 구성원들(로이 빈 웡[Roy Bin Wong], 케네스 포메란츠[Ken Pomeranz], 로버츠 마크스[Roberts Marks], 잭 골드스톤[Jack Goldstone])과 정기적이고 유용한 접촉을 계속하며 성과를 공유할 수 있었다. 그리고 오늘날 글로벌 경제의 여러 지역이 보여준 장기적 발전에 대해 전문적 식견을 갖춘 뛰어난 역사가 집단들과도 계속 접촉했다. 그런 동료 학자 집단은 이런 사람들이다. 유럽의 경우, 피어 브리스(Peer Vries), 마르텐 프라크(Maarten Prak), 얀 루이텐 반 잔덴(Jan-Luiten Van Zanden), 마티아스 미델(Matthias Middell), 스티븐 브로드베리(Stephen Broadberry), 맥신 버그(Maxine Berg), 죠르지오 리엘로(Giorgio

Riello), 바르톨로메 윤-카살리야(Bartolomé Yun-Casalilla), 에리크 반하우테 (Eric Vanhaute)가 이에 해당한다. 인도의 경우 나는 프라산난 파르타사르 티(Prasannan Parthasarthi), 틴탄케르 로이(Tinthanker Roy), 데이비드 워쉬브룩 (David Washbrook)과 연락하는 특혜를 누렸다. 아프리카의 경우, 개러스 오 스틴(Gareth Austin)과 교류했다. 중국의 경우에는 켄트 등(Kent Deng), 마크 엘빈(Mark Elvin), 리보중(Bozhong Li), 리처드 폰 글란(Richard Von Glahn), 해리 엇 전도퍼(Harriet Zurndorfer)와 접촉했다. 라틴아메리카의 경우, 알렉산드라 이리고인(Alexandra Irigoin)과 레지나 그레이프(Regina Grafe)와 정보를 교환했 다. 일본의 경우 나와 접촉한 이들은 스기하라 가오루(Kaoru Sugihara)와 아 키타 시게루(Shigeru Akita)였다. 저베이스 클래런스-스미스(Gervaise Clarence-Smith)와는 어느 곳에 대해서든 의견을 교환할 수 있었다.

글로벌 경제사에서 메타 내러티브의 부활이라는 열망을 나와 공유하 고 그런 열망을 정제하고 심화하며 확산시키기 위해 분과학문을 가로지르 는 협력 연구 및 논의, 논쟁의 필요성을 인정했던 학자들의 이름은 더 많 이 열거할 수 있고 그래야 마땅할 것이다. 내가 오늘날 글로벌화하는 경 제의 몇몇 부분들의 경제사에 대해 뭔가를 안다는 인상을 만들어 낼 수 있 었고 이 책을 쓸 수 있었던 것은 이들과의 접촉과 대화를 통해 얻은 가르 침과 생각과 혜안 덕분이다. 그들 모두에게 감사드린다. '폴그레이브 피봇 (Palgrave Pivot)' 총서에 속한 이 책의 여러 장에 스며들어 내용을 채운 것은 유명한 대분기 논쟁과 관련되어 있다. 우리가 내는 책들은 모두 집단적 작 업의 결과이지만, 나는 특히 대분기 논쟁을 불러일으킨 것에 대해 캘리포 니아 학파에게 특별한 감사를 드린다. 무엇보다 나는 친구이자 멘토인 마 크 엘빈과 켄트 등에게 진심으로 고맙다는 말을 전한다. 그들은 여러 세기 에 걸쳐 서구와의 장기적인 분기를 향해 전개되었던 정치적·제도적 발전 의 궤적 위에 제국 중국의 경제를 유지했던 복잡한 힘과 요소들(과학·기술상의 중요한 전환기를 포함하여) 전부에 대한 그들의 대단히 넓은 학식을 "문외한"이자 단순한 아마추어인 나와 진득하게 그리고 사심 없이 공유해 주었다.

　마지막으로 나는 가장 뛰어난 두 관리자(로레인 롱[Lorraine Long]과 프리실라 프로스트[Priscilla Frost])에게 감사 인사를 전해야 한다. 그들은 국경과 대학의 경계를 넘나드는 학술 협력 사업의 조직에 내포된 핵심적인 관리상의 부담들을 맡아주었다. 신중하고 매혹적이며 효율적으로 말이다.

패트릭 칼 오브라이언

영국, 옥스퍼드에서

2020년 6월

차 례

Chapter 1

논쟁의 역사서술적 맥락과 문헌 안내

| 요약 |

이 장은 제국 시기 중국 경제사에 대한 출간물이 최근 양적으로 늘어난 것이 지난 40년에 걸쳐 중국이 달성한 유달리 빠른 경제 성장률 때문에 촉발되었음을 독자들에게 상기시킨다. 경제적 측면에서 그리고 함의상 지정학적 측면에서 공산당 정권 하 중국이 세계 경제 전반의 성장 내에서 두드러진 위치로, 그리고 그런 성장에 중요한 위치로 올라선 것은, 중국 경제가 언제 어떻게 서유럽과 북아메리카, 오스트레일리아, 일본의 선진적인 근대 경제에 비해 상대적으로 후진적인 상태로 전락했으며 그 이유는 무엇인가라는 메타 역사적 질문을 제기했다. 서유럽의 산업화 및 계몽주의 시기 이전에는 (역사서술 면에서의 개관이 드러내듯이) 중국의 국가 경제와 사회에 대한 서구의 시각이 거의 전적으로 호의적이었기 때문에, 위의 질문은 여전히 적절하며 많은 주목을 받는다. 산업화 및 계몽주의 시기 이후부터 서구 지식인들은 점점 더 중국 문명에 대해 부정적인 인식을 품게 되어, 1914년 이전에는 유럽 중심주의적 관점에서 중국 문명을 폄하하고 경멸하는 지경에까지 이르렀다. 비록 유럽 중심주의가 20세기에 발생한 야만적인 무력 충돌의 여파로 전보다는 일반적이지 않게 되었지만, 유럽인의 잘난 체하는 태도는 1976년 마오쩌둥의 사망 이후 중국 경제가 근대적인 경제 성장을 이룰 잠재적인 가능성을 기본적으로 드러낼 때까지 계속되었다. 따라서 '대분기(Great Divergence)'를 둘러싸고 길게 이어진 논쟁은 중국학 연구자들이 제국 시기 중국의 경제사를 쇠퇴와 지체(遲滯)의 역사로 그려온 서구의 역사서술 전통으로부터 구제하려고 시도하여 얼마간 성공을 거두면서 촉발된 논란이라고 할 수도 있다. 유럽 경제사를 연구한 한 학자가 쓴 아래의 장들은 이 유명한 논쟁을 역사서술적 맥락 속에 위치시키고, 또 그 논쟁 과정에서 이루어진 (글로벌 비교경제사에게) 매우 도발적이며 자극적인 뛰어난 노력, 시행착오 속에 스스로 성장해온 그 노력을 개관하고 아울러 비평하고자 한다.

| 주제어 |

분기 · 수렴 · 성장 · 지체 · 정체 · 역사서술 · 맬서스적 시각 · 마르크스 · 베버 · 엘빈 · 포메란츠 · 캘리포니아 학파

"대분기(Great Divergence)"는 제국 말기 중국을 연구한 미국에서 가장 유명한 역사가가 2000년대로의 전환기에 간행한 영향력이 큰 저서의 제목으로 널리 알려졌다. 케네스 포메란츠(Keneth Pomeranz)의 그 책은 간행 즉시 글로벌 역사 · 경제 · 정치를 둘러싼 지금도 진행 중인 논쟁의 초점이 되었다(Pomeranz 2000; *Ameican Historical Review Forum* 2002; *Journal of Asian Studies* 2002, 2003; Ringmar 2007; *Canadian Journal of Sociology* 2008; Vries 2015).

첫째, 그렇게 된 이유는 무엇보다도 서구가 3, 4세기 전에 중국에 비해 달성했다고 여겨진 경제적 우위의 수준으로 중국이 최근 대단히 빠르게 수렴했고, 이런 상황에서 그 책이 중국의 그런 수렴 이전에 역사적으로 어

떤 일이 있었는지를 재검토하도록 만들었기 때문이었다(Grinin and Korotayev 2015). 수많은 중국 국민을 오래전부터 내려오는 빈곤 상태에서 끌어올린 공산당 체제의 성공은 진정으로 주목받을 만한 것이었다(Eckstein et al. 1968).

평균적으로 보아 중국인의 실질 임금은 1976년 마오쩌둥의 사망 이래 4-5배 이상 늘어났을 것이다. 현재 중국 경제는 세계 상품 및 서비스 생산량의 20 퍼센트 정도를 생산하고 있다. 현재의 경향이 계속된다면, 중국인들은 21세기가 끝나기 전에 미국인의 생활 수준을 누릴 수 있을 것으로 생각된다(Deng 2016).

둘째, 중국이 최근 이룬 주목할 만한 경제적 진보는 사실상 모든 국가 경제들이 글로벌화(globalization) 과정으로 점점 더 많이 그리고 점점 더 철저하게 참여하는 상황과 동시에 진행되었다. 이런 상황 역시 유럽과 미국, 일본, 인도, 중국 지식인들 사이에서 서구 사회와 동양 사회 사이에 물질적 복지상의 엄청난 격차가 언제, 어떻게, 왜 벌어졌는지를 둘러싼 오랫동안 이어진 논쟁의 부활을 자극했다(Perez Garcia and De Sousa 2018). 그 논쟁은 이제는 물질적 복지를 넘어서 경제만이 아니라 정치, 사회, 도덕, 문화 등 문명의 성장과 쇠퇴, 성격과 관련된 역사의 모든 측면을 포괄하는 세계사 분야의 매력적인 관심사 중 하나로 자리매김하고 있다(Frank 1998; Vries 2013). 이슬람에 대해 주어진 현재의 관심과 별개로, 오랫동안 진지한 관심을 받아왔던 아시아의 문명들은 중국과 일본, 인도이다(Parthasarathi 2011; Eichengreen et al. 2010; Francks 2016; Vries 2019). 하지만 경제적 분기를 둘러싼 최근 논쟁은 여전히 중국에 크게 집중되어 있다. 그 이유는 기본적으로 1700년 이전 여러 세기 동안 유럽인들이 거의 누구나 중국 문명이 자신들에 비해 우월하다는 시각을 유지했었기 때문이다(Phillips 1998; Jones 2001). 그 후 제국 중국의 경제적 생산성과 주민들에게 영향을 주는 생활 수준 상의 차이, 생산 기술 및 복리가 가진 후진성을 역으로 대비하여 인식할 수 있게 되고 나중에는 완전히 뚜렷하게 볼 수 있게 되면서, 중국에 대한 서구인의 평가에 지체(遲滯)의 내러티브가 압도적이게 되었다. 유럽 중심적인 이런 내러티브들은 암묵적으로든 명시적으로든 서구의 흥기와 우월함을 찬양했고 서구와 동방의 정치체제, 제도, 법적 틀 및 문화를 대비하면서 동방의 몰락에 대한 설명을 찾았다. 그리고 그런 것들이 (서구의 경우에는) 장기적인 경제적 진보의 역사적 궤적을 촉진했지만 (중국의 경우에는) 그런 궤적을 방해했다고 주장했다(Dawson 1967; Brook and Blue 1999).

말할 필요도 없이, 유럽인의 이런 시각들을 명(明)과 청(淸)의 황제들과 그들의 고관대작들은 극히 싫어했다. 1839-1842년의 아편전쟁[1]에서 영국에게 굴욕적인 패배를 당한 뒤 1911년 청의 멸망 때까지 오랫동안 그들은 계속해서 중국의 정치체제와 도덕적 가치는 둘째치고 경제 제도와 기술 지식에 중요한 무엇인가를 서구로부터 배울 것이 있다는 주장을 조금도 인정하지 않았다(Wright 1957). 예컨대 한 다국적 민간 기업 –영국동인도회사– 이 벵골을 장악하고 바로 이어서 남아시아의 그리 멀지 않은 곳에서 무굴 제국이 무너진 지 30년 뒤인 1800년에도 매카트니 경[2](그는 당시 영국과 중국 사이에 보다 유연한 교역 조건을 협상하기 위해 파견된 외교 사절단을 이끌었고 이 협상은 실패했다)은 중국의 황제에게 여전히 이런 말을 들어야 했다. "우리 제국에는 온갖 것이 아주 풍부하며 그 경계 내에 생산되지 않는 것이 없소. 그

---

1 제1차 아편전쟁을 말한다. 영국동인도회사가 대(對)중국무역에서 막대한 적자를 면치 못하면서 이를 만회하기 위해 영국이 인도산 아편을 불법으로 중국에 유통시켰고, 이를 막기 위한 중국의 조치로 전쟁이 발발했다. 1856-1860년의 제2차 아편전쟁과 함께 중국이 연이어 서구 제국에게 군사적으로 크게 패하면서 동양에 비해 서양이 우월함을 가시적으로 보여주었고, 동아시아가 서구 제국주의 세력에게 본격적으로 침탈당하게 되었다고 한다. 특히 역사학에서는 전통적으로 아편전쟁을 동아시아에서 서구적 근대가 시작되는 계기로 보았다. 최근에는 아편전쟁의 영향을 둘러싸고 그런 정도의 의미가 있는지 논란이 벌어지고 있다. 대분기 논쟁에서도 '대분기'의 시점 문제와 관련해 아편전쟁 이전인지 그 이후부터인지가 논란이 되었다.

2 1st Earl George Macartney: 1737-1806년. 영국 외교관. 1791년 파견된 영국 대중국사절단을 이끌었다. 당시 청 황제 건륭제의 생일을 축하하기 위한 영국 황제의 특사로 파견된 그는 조공사절이 황제를 접견할 때 행하는 의례인 삼궤구고두(三跪九叩頭), 즉 세 번 절하고 아홉 번 머리를 땅에 조아리는 예를 거부한 것으로 유명하다. 이 사절단이 실패한 주원인이 영국 황제의 친서에 포함된 주산(舟山) 할양 요구에 있었지만, 이 의례의 거절도 중요한 역할을 했다고 한다.

러므로 우리가 만든 것과 교환하여 외부 이민족이 제작한 것을 수입할 필요가 전혀 없소"(Perdue 2005: Berg 2006). 때로는 다른 견해가 표현되었지만, 중국이 서구와의 상업 교류 수준을 늘려서 얻을 것이 별반 없다는 공식 견해는, 중국이 제2차 아편전쟁에서 서구 강대국들에게 또 다시 치욕적인 패배를 당한 후에도 여전히 확고했다(Spence 1999). 되새겨보면, 메리 라이트(Mary Wright)가 "중국 보수주의의 마지막 버티기"라고 적절하게 이름 붙인 이런 태도는 13세기 말 마르코 폴로(Marco Polo)의 중국 체재 이래 유럽인들이 경탄해 마지않았던 엄청나게 크고 생태학적으로 다양한 한 제국이 그렇게 오랫동안 지속되며 성공을 거두어왔다는 사실로 설명될 수 있었다(Wright 1957). 물론 그런 사실이 그런 태도를 정당화할 수는 없지만 말이다. 게다가 이런 보수적 시각은 원(元)·명·청의 통치 하에서 약 500년간에 걸쳐 서구와 조우하고 접촉하는 가운데 계속 지속되어온 것이었다(Barrow 1806; Dawson 1967).

이 500여 년에 걸쳐서 유럽인들과의 연결은 주로 중국 내에서 일어났고, 제국에 대한 인상들은 동방과의 대륙간 무역에 종사하는 상인에게서 나온 상업 관련 정보의 형태나 호기심 많은 소수 여행자들이 간행한 여행기의 형태로 유럽으로 전달되었다. 또 중국의 인상을 유럽에 전달한 것은 16세기 이래 기독교 선교사들이 쓴, 특히 예수회[3] 수사들이 매년 공들여 쓴 보고서들이었다. 이런 선교사들은 베이징의 궁정에서 외국인 고문으로 살며 경력을 쌓거나 아니면 그저 일부 중국인들을 로마 가톨릭의 가치관 및 의례로 개종시키고자 애썼던 이들이었다. 하지만 이들의 노력은 공들인

---

3 Jesuits: 1534년 스페인 출신의 사제 이그나시오 데 로욜라의 주도로 설립된 가톨릭 수도회. 1540년 로마 교황청이 공식적으로 인정했으며, 종교개혁의 열풍이 불던 당시 유럽에서 가톨릭 종교개혁을 주도하여 가톨릭 세력을 지키는 데 기여했다. 무엇보다 예수회는 해외 선교 활동에 적극적이었는데, 특히 공동 설립자 중 한 명인 프란체스코 하비에르의 주도 하에 인도 및 일본, 중국을 비롯한 아시아에서의 선교 활동이 잘 알려져 있다. 마테오 리치 같은 예수회 수사들은 중국에서 활동하며 당대 서양의 과학·기술 지식과 정보를 전달해주었다.

만큼 큰 성과를 거두지는 못했다(Mackerras 1989; Mungello 2005).

이와는 다르게 중국을 바라보는 유럽인의 또 다른 시선(이 역시 중국을 오간 유럽 상인과 배들이 조장한 것이었다)은 차(茶)의 수입과 소비를 통해 간접적으로 발생했다. 아울러 고급 실크와 면직물, 도자기, 약재(藥材), 보석 같은 사치품과 다른 이국적인 상품들을 아우르는 "중국풍 물건(Chinoiserie)"의 수입과 소비도 이런 시선에 간접적인 영향을 미쳤다. 그래서 한참 뒤인 18세기에도 중국과 그 문화에 대한 서구인의 지식은, 즉 세계 항해 기술의 발전에 크게 기여하고, 문자 및 인쇄술 같은 의사소통 방식과 농업 기술, 공업, 운송의 발전에 공헌했으며, 자연 세계에 대한 과학적 이해에 도달했던 중국의 성취에 대한 서구의 지식은 여전히 제한적이고 느낌에 의존했으며, 종교 및 윤리적 가치상의 차이에 대한 선입견에 갇혀 있었다. 또한 중국과의 교역을 통해 이익을 볼 전망에만 관심을 두기도 했다(Temple 1998; Mote 1999; Spence 1999; Jones 2001).

그러나 "중화제국"에 대한 그들의 지식이 제한적이었음에도, 유럽 지식인들은 익히 알려져 있듯이 일종의 지식인 네트워크를 구성하면서 중국을 그들의 정치·경제·사회·종교 엘리트들이 따라야 할 계몽의 모델로 주저 없이 내세웠다(De Mendoza 1853). 말할 필요도 없이, 유명한 유럽 지식인들(베이컨[Bacon], 벨[4], 베르니에[5], 보방[6], 볼테르[Voltaire],

---

4 Pierre Bayle: 1647-1706년. 프랑스 계몽주의 철학자. 위그노로서 네덜란드로 망명하여 『역사비평사전(*Dictionnaire Historique et Critique*)』(1697)을 간행하였다. 18세기 계몽주의자의 선구자로 평가받는 그는, 전통적인 형이상학에 대해 회의론적 입장을 취하고 이교도나 무신론자에 의해서도 진리는 통찰된다고 하여 종교적 관용을 주장했다.

5 François Bernier: 1620-1688년. 프랑스의 의사이자 여행가. 1658에서 1670년까지 약 12년간 인도의 무굴 제국에서 체재했고, 이를 기초로 인도와 동양에 대한 여러 저작들을 간행했다. 특히 그가 1684에 쓴 "거기 거주하는 다른 종과 인종에 따른 세상의 새로운 구분(Nouvelle division de la terre par les différentes espèces ou races qui l'habitent)"은 인간을 인종으로 구분하는 최초의 간행물로 여겨지며, '과학적 인종주의'의 탄생에 기여했다고 한다.

6 Sébastien Le Prestre de Vauban: 1633-1707년. 루이 14세 시기 프랑스의 군사기술자. 특히 요새 건설에 탁월한 능력을 발휘했고 건축과 도시계획에서도 후대에 큰 영향을 미쳤다. 또한 농업·임업·금융정책에 대한 글도 썼고, 과세의 평등을 주장하는 글도 남겨 중농주의의 선구로 여겨지기도 한다.

튀르고[7], 케네[8], 라이프니츠[Leibniz] 등)이 오랫동안 간행물을 통해 연이어 전달한 중국의 문화 및 제도에 대한 선별적인 찬양 일색의 표현들은 유럽의 귀족 엘리트 및 기독교 전통에 위협이 되었을 뿐 아니라, 여러 도덕 철학자들과 정치경제학자들, 그리고 다른 지식인들(몽테뉴[Montaigne], 몽테스키외[Montesquieu], 디포[9], 흄[Hume], 디드로[10], 돌바크[11], 엘베시우스[12], 스미스[Smith], 맬서스[Malthus])에 의해 논란이 되기도 했다. 이들은 청나라를 전제정으로, 그 엘리트 중심 관료제를 부패한 것으로, 중국이 가진 과학·기술·경제적 진보의 가능성을 고갈된 것으로 그렸다. 유럽에서 벌어진 유명한 계몽을 둘러싼 논쟁 과정에서 중국의 지위는 사실상 쇠퇴일로의 문명으로 격하되었다(Brook and Blue 1999). 정치, 도덕철학, 문화, 과학, 기술, 경제·경영 분야에서 제국이 이룬 역사적 성취들을 보다 긍정적으로 바라보는 균형 잡힌 시각을 예수회 수사들(이들은 최소한 다른 문명을 이해하고자 하는 진지한 노력을 기울였다)이 전달했지만, 그것은 거의 무시되었다(Maverick 1946; Mungello 2005).

매카트니 경이 이끄는 사절단(실제로 당시 중국 황제인 건륭제[13]와 그의 관리들은 이

---

7 Anne Robert Jacques Turgot: 1727-1781년. 프랑스의 정치가이자 경제학자. 진보적 중농주의자로 일찍이 상공업에 대한 국가의 과도한 간섭을 비판했다. 루이 16세 시기 재정총감으로 자유주의적 경제개혁을 시도했으나, 귀족의 저항으로 실패했다. 농업에서 수확체감의 법칙을 처음으로 인정한 경제학자라고 한다.

8 François Quesnay: 1694-1774년. 프랑스의 대표적인 중농주의 경제학자. 그는 1767년에 『중국의 전제정(Le Despotisme de la Chine)』을 써, 자신의 계몽전제군주론을 뒷받침하고자 했다.

9 Daniel Defoe: 1660-1731년. 영국의 작가, 저널리스트, 상인. 영국 소설의 출발점에 있는 인물로서 우리에게는 『로빈슨 크루소』(1719)로 잘 알려져 있다. 하지만 그는 당시 대양 진출을 본격화하던 영국의 해양 정책과 관련해 수많은 조언을 담은 글을 남겼다.

10 Denis Diderot: 1713-1784년. 프랑스의 계몽철학자. 18세기 계몽철학 사상을 집대성한 기념비적 저작 『백과전서』 편집자 중 한 명이며 철학, 소설, 희곡, 미술비평 등 다방면에서 수많은 저작을 남긴 계몽주의의 대표적 문필가이기도 하다.

11 Paul Henri Dietrich d'Holbach: 1723-1789년. 프랑스의 대표적인 계몽철학자. 디드로와 함께 무신론적 성향을 보였으며, 부유한 집안 출신으로 자기 집을 계몽철학자들이 모이는 무대로 제공했다.

12 Claude-Adrien Helvétius: 1715-1771년. 프랑스 계몽철학자. 계몽주의 시기 유물론을 대표하는 학자였다.

13 乾隆帝: 1711-1799년(재위 1735-1796년). 청의 6대 황제로, 4대 강희제부터 건륭제까지의 시기를 청이 가장 번성한 시기(康乾盛世)로 꼽는다. 따라서 영국의 매카트니 사절단이 왔을 때 청은 최전성기를 누리고 있었고, 이에 입각한 건륭제의 태도는 얼마간 이해가 가는 대목

들을 제대로 상대할 가치가 없다고 여겼다)이 베이징에 도착했을 무렵에는, 중국에 대한 서구인의 시각이 잘못된 정보에 기초하여 유럽 중심적인 방향으로 성숙되어 가는 길이 지적인 측면에서 이미 마련되었던 것이다(Berg 2006).

게다가 중국(과 인도)을 경멸적으로 바라보는 유럽의 시각이 점점 더 성장하고 강화되고 지속되는 데 토대가 된 물질적 기초는 서구에서 광범위한 기술 혁신이 등장하고 발전하고 확산된 것에서 찾을 수 있다는 것이 명백하다. 하지만 서구의 이런 기술 혁신이 제도화된 학문으로 성숙되어 가던 과학상의 진보와 연결된 정도는 아직 미약했다는 것도 분명하며, 과학적 진보가 제도적 학문으로 성숙한 후에야 체계적이고 믿을 만한 지식을 낳아서 그것을 항해와 운송, 농업, 광업, 공업, 상업, 위생의 문제에, 그리고 무엇보다도 지정학적 힘에 성공적으로 적용하게 되었다(Black 2014; Sachsenmaier 2015).

위에서 거론한 모든 분야에서(특히 무기와 항해술, 과학기기의 발전 면에서) 중국에 결함이 있다는 점은 18세기 동안 내내 예수회 수사들과 외국 상인들이 지적했던 것이다. 매카트니 사절단이 중국으로 가져간 서구의 지식 및 상품에 대해 중국이 관심을 보이지 않은 결과로, 중국의 과학·기술·경제적 후진성에 대한 영국 및 유럽인의 평가는 전보다 더 신랄한 어조를 띠게 되었고 무차별적으로 더 널리 퍼지게 되었다. 그들의 평가는 제도상에서 보이는 특정한 예들에 대한 비판에서 중국 문명 전체의 폄하로 서서히 확장되었다(Jones 2001).

19세기가 경과하면서, 청나라는 점점 더 영국, 프랑스, 러시아, 일본이라는 군사 강대국에 맞서 자신의 영토와 이해관계를 지킬 능력을 상실해 갔고, 연이어 발생하는 파괴적인 반란과 봉기에 대응해 국내 질서를 유

이다. 건륭제 이후부터 청이 쇠퇴하게 되는데, 이 때문에 그에 대한 평가는 칭송부터 비판까지 엇갈린다.

지할 역량을 잃었다(Gernet 1982; Andrade 2016). 무엇보다도 청나라는 도로와 수로, 관개 시설 및 교역용 설비 같은 제국 내 기반시설의 질적 하락을 막기 위한 투자를 수행하지 못했고, 이런 기반시설에 기초하는 청의 경제와 사회는 감당할 수 없을 만큼 커지던 인구 성장률에 제대로 대처하지 못했다. 이에 따라 그 이전 여러 세기에 걸쳐 주로 환경 개발 및 자원 감소에 기초해 광범위한 집약적 경제 성장을 이루었기 때문에 발생한 해로운 결과가 심화되었다(Elvin 1973; Sierferle and Breuninger 2003).

청나라(1644-1911년)가 산림 파괴, 염류집적 현상[14], 홍수, 하천의 토사퇴적으로 인한 피해가 고조되는 데도 이에 제대로 대처하지 못한 것과 함께, 확장된 영토에 정주 농업을 정착시키기 위해 기반시설 투자를 진행할 필요가 있는데도 이에 제대로 대처하지 못한 것, 서구로부터 제기되는 대외 안보의 위협에 제대로 대처하지 못한 것, 인구의 급속한 성장과 사이사이에 연이어 발생하는 심각한 내부 소요에 제대로 대처하지 못한 것 등, 이 모든 것이 작동하여 세계사 속에서 중국의 상태와 지위에 대한 유럽의 부정적인 서술 전통을 조장했다. 이렇게 유럽의 서술 전통은 시간이 가면서 중국에 대한 경외감에서 찬탄을 거쳐 유럽과 중국의 이항 대립적 비교로 근본적인 변화를 겪었는데, 결국 마지막에 나타난 이항 대립적 비교는 연민에서 인종주의적 경멸에 이르는 중국에 대한 유럽의 부정적 태도 전체를 감추는 역할을 했다. 경제적 발전 수준만이 아니라 중국의 정치, 사회, 문화, 도덕, 종교, 과학, 기술이라는 모든 측면이 서구의 상인과 투자자, 외교관, 전문 연구자, 대(對)중국 사절에게서 지속적이고 비판적인 검토를 받게 되었다(Cranmer-Byng 1962). 중국이 가진 문제에 대해 유럽인들이 제안

---

14 식물의 생육과 관련된 용어로, 여기서 염류란 특별히 소금만을 지칭하는 것이 아니라, 토양 내 산과 염기가 결합된 것을 염(鹽)이라고 하고 이런 식으로 염기와 결합된 모든 것을 염류라 한다. 염류집적은 토양의 수분 농도가 뿌리의 수분 농도보다 더 높아 뿌리가 수분을 흡수하지 못해 식물이 말라죽는 현상을 말한다. 원인은 단작 중심의 농사, 비료의 과잉 사용 등을 들고 있으며, 오늘날에는 비닐하우스 재배에서 쉽게 나타난다.

한 조언과 해결책들을 중국인들이 받아들였다면, 거의 2,000년 동안 중국을 좋게 바라보았던 전통으로 그들이 회귀했을지도 모른다. 하지만 유럽인들의 조언과 해결책들을 중국인들이 거부하면서, 유럽인들의 시각은 더욱 신랄하게 되었다(Brook and Blue 1999).

지정학적 측면에서 그리고 경제적 측면에서 중국의 상대적 쇠퇴가 지속되면서, 유럽인들 사이에서만이 아니라 중국의 소수 학식 있는 엘리트들 사이에서도 그런 전통의 정치적, 도덕적, 경제적 기초가 의문시되었다. 그리고 근본적인 제도적·문화적 개혁을 지지하고 자신들의 토착 문화와 그 역사에 대한 경멸적인 서구의 담론에 뜻을 같이하게 된 엘리트가 늘어났다(Dixin and Chengming 2000).

프랑스 혁명의 이상과 자본주의적 제국주의의 성공이 지배하는 분위기 속에서, 헤겔(Hegel), 피히테[15], 마르크스(Marx), 버클(Buckle)[16], 스펜서(Spencer)[17], 골튼(Galton)[18] 같은 일련의 유럽 역사철학자들은 세계에서 가장 크고 오래된 제국이 문명에 미친 공헌과 성취를 폄하했다. 그들은 이 제국을 폭정과 법적 혼란, 도덕적·문화적 정체 상태에 있는 것으로 그리고 농본주의 시각에서 경제적 진보에 해로운 소농 경제에 집착하고 있는 것으로 묘사했다. 현대의 마오주의자들에게는 아이러니하게도, 가장 신랄한 비판

---

15 Johann Gottlieb Fichte: 1762-1814년. 헤겔과 함께 독일 관념론 철학의 대표자 중 한 명으로, 칸트에게서 영향받아 자의식의 성격에 대한 독창적인 시각을 제시했다고 한다. 흔히 헤겔의 것으로 알려진 '테제-반(反)테제-종합'의 기계적 변증법을 창안했으며, 독일 민족주의의 선구자로도 평가받고 있다.

16 Henry Thomas Buckle: 1821-1861년. 영국의 역사가로, 부유한 상속자로서 혼자 힘으로 역사 연구를 했다. 미완성 대작인 『잉글랜드에서 문명의 역사(History of Civilization in England)』를 쓴 것으로 유명한데, 그 책의 서문에 일종의 '역사법칙론'을 적어놓았다. 거기서 그는 유럽 문명과 비(非)유럽 문명을 나누는 것이 유럽인은 자연보다 더 강한데 다른 곳에서는 자연이 인간보다 더 강하다는 데 있다고 하였다. 일부 학자는 그를 "과학적 역사학의 창시자"라고 평가하기도 한다.

17 Herbert Spencer: 1820-1903년. 영국의 철학자이자 사회학자. 영국 사회학의 창시자. 진화의 원리에 입각하여 인간 사회에도 '적자생존'의 원리를 적용한 사회진화론을 주창했다.

18 Francis Galton, Sir: 1822-1911년. 영국의 인류학자, 사회학자. 우생학과 과학적 인종주의의 창시자로 평가된다.

자는 마르크스였다.[19] 그는 수천 년 동안 촌락 공동체에서 살고 일하고 대를 이어온 중국인 대다수에 대해 특히 통렬한 글을 남겼다. 그의 말을 빌리면, 이런 촌락 공동체들은 "인간의 정신을 가능한 가장 작은 범위 내로 억제하여 그것을 전통적인 규칙 아래 예속시키고 모든 활력을 빼앗아 유순한 미신의 도구로 만들었던" 것이다(Frank 1998; Brook and Blue 1999).

19세기 무렵 중국과 그 역사에 대해 대부분의 유럽인이 가진 이미지는 선진적이고 기술적으로 진보하는 사회를 통치하는 계몽된 국가라는 것에서, 침체된 경제를 다스리면서 인간 활동의 거의 모든 영역에서 쇠락과 후진성으로 고통받고 있는 전제정의 나라라는 이미지로 넘어갔다(Dawson 1967).

지배적인 이런 시각에 대한 이의제기는 기술자나 과학자, 의사, 교사, 또 선교사로서 중국에서 살고 일한 유럽인들에게서 나왔다. 많은 이들이 중국어를 배우고 고대 중국 문명의 복잡하고 정교한 성격을 연구했다. 그래서 그들이 쓴 글에서는 중국 제국에 대한 서구의 지배적 시각과 결부된 문화적 쇼비니즘의 흔적이 제한적으로만 드러난다. 1914-1918년 시기에는 (그때까지 과학·기술과 군사력 면에서 유럽이 이론의 여지 없이 우월하다는 사실에 기초를 둔) 그런 시각이 [1차 세계대전의 참화 속에서 –옮긴이] 결국 서구 강대국들이 보여준 공업화된 전쟁 방식의 야만성으로 인해 도덕적으로 손상을 입었다.

심지어 1차 세계대전 이전에도, 그리고 1911년 중국에서 수천 년간 이어져 온 왕조적 통치 방식을 공화국 통치 방식으로 바꾸기[20] 이전에도, 중국 문화와 그것이 오랜 역사에 걸쳐 세계의 도덕 철학과 과학, 기술, 의학, 농업 발전에 미친 공헌이 재평가되기 시작했다. 그런 작업이 계속되는 동시에 중국의 정치적, 법적, 제도적, 사회적, 경제적 개혁의 추구도 체계적

---

19 마르크스주의를 중국에 맞게 전환하여 적용한 것이 마오쩌둥이며 이 마오쩌둥의 사상을 신봉하는 이들이 마오주의자(Maoist)이다. 공산주의 체제 하의 중국은 기본적으로 마오주의에 입각해 있다고 볼 수 있는데, 그런 중국 문명의 성격을 가장 격렬하게 비판한 것은 마르크스라는 것이 아이러니라는 것이다.

20 1911년 청을 멸망시키고 중국 역사에서 처음으로 공화국을 수립한 신해혁명을 말한다.

으로 이루어졌는데, 이는 국내 질서와 대외 안보, 환경 악화, 산업적 후진성 같은 새로운 공화국의 도처에 산재하던 문제들을 완화하기 위해 꼭 필요한 것이었다(Jones 2001).

전문 중국학자와 중국에 호의적인 선교사들 그리고 아놀드 토인비(Arnold Toynbee)와 H.G. 웰스[21] 같은 역사철학자의 저술에서, 중국 제국의 역사적 지위는 유교라는 오래되고 온화한 도덕률에 기초를 두고 압도적으로 농업 중심인 준(準)자율적 촌락 공동체 사회를 다스리는 계몽 전제정이었다는 식으로 얼마간 서서히 회복되었다. 버크[22], 홉슨[23], 토니[24] 같은 저명한 사회과학자들도 새로운 공화국이 가진 경제발전의 가능성을 인정했다. 1920년대에 중국에서 학생들을 가르쳤던 버트런드 러셀(Bertrand Russell)은 "세계의 여러 나라 중 중국은 아주 특이한 나라이다. 왜냐하면 중국은 세계에서 인구가 가장 많으며 가장 큰 잠재력을 가진 나라이지만 실제로는 가장 힘을 발휘하지 못하는 나라이기 때문이다"라고 생각했다(Jones 2001).

막스 베버(Max Weber)는 중국의 상대적인 쇠퇴 이유를 설명하기 위해 서유럽과의 체계적인 상호 비교를 수행했고, 이는 그 이후 경제·정치·문화적으로 발전하지 못한 중국의 실패를 설명하려는 역사가들의 모든 내러티브와 사회과학자들의 모든 연구에 지속적인 영향을 미쳤다(Vries 2013). 단

---

21   H.G. Wells: 1866-1946년. 영국의 작가이자 사회비평가. 과학소설을 시작한 인물 중 한 명으로 알려져 있으며, 후기에는 현대 문명에 대한 비판적 평가를 담은 사회비평 저술을 주로 남겼고, 세계평화주의를 주창하였다.

22   Paul Herman Buck: 1899-1978년. 미국의 역사가. 하버드대 교수로서 미국 남부의 역사와 남북전쟁후 미국 통일의 역사를 연구하여 퓰리처상을 받았다.

23   John A. Hobson: 1858-1940년. 영국의 경제학자 및 사회과학자, 저술가, 사회개혁가. 레닌에게 영향을 준 『제국주의론』과 함께 검약을 강조하는 고전경제학자들을 비판한 '과소소비론'으로도 잘 알려져 있다. 하지만 이 이론 때문에 그는 정식 경제학계에서 배제 당했으며, 여러 저술 활동을 통해 사회 비평 및 제국주의 비판을 이어갔다.

24   R.H. Tawney: 1880-1962년. 영국의 경제사가이자 사회비평가. 근대 초기 영국 농업 문제와 인클로저를 연구했으며 막스 베버의 자본주의와 프로테스탄티즘의 관계 테제를 비판했고, 기독교 사회주의자로서 사회 문제에 적극적으로 참여하여 발언했다.

정적으로 말할 수 있지만, 아마도 베버는 여러 세기에 걸쳐 서유럽 내에 산업적 시장 경제가 성공적으로 등장할 수 있게 한 서유럽의 정치, 제도, 법, 문화, 특히 무엇보다 종교적 힘을 먼저 분석한 뒤 그것을 중국의 실패와 대비시키는 다소 지나치게 단순화된 이항 대립적 논리를 끌어내었을 것이다(Elvin 1984).

하지만 베버는 중국에도 당(唐)·송(宋)대(618-1279년) 이래 자본주의적 시장이 존재했음을 인정했다. 그러나 그의 유럽 중심적 시각에서 볼 때, 그것은 중국 곳곳에 퍼져 있는 오래된 유교적 가치 체계를 이겨낼 수 있는 형태로 전개되지 않았고 그럴 수 있는 충분한 힘도 갖고 있지 않았다. 베버의 시각에 따르면, 농업 및 산업 생산에 토대가 된 친족관계에 기초한 제도, 즉 복종과 의무의 정신에 기초한 가부장적인 전제적 가족제도를 계속 존속시킨 것은 바로 중국인의 신앙이었다. 이런 가족제도가 "관습에 대한 강한 집착"을 낳았고 개인주의 정신과 합리성, 민간 기업활동을 제약했던 것이다(Weber 1951). 여기서 개인주의 정신과 합리성, 민간 기업활동이야말로, 베버 이론을 따르는 학자들이 서구의 흥기의 근거로 드는 것들이다.

"프로테스탄티즘 윤리와 유럽 자본주의의 정신"에 대한 베버의 테제는 너무나도 유명하지만, 중국 국가와 그것의 세습적 관료제가 존속시킨 제도의 유교적 기초에 대한 베버의 시각은 이보다 훨씬 더 논란의 여지가 많은 것으로 드러났다(Elvin 1984; Bal 2008). 하지만 베버 이론에 따라 서구와 중국 간의 체계적 비교를 수행하려는 노력은 계속되었고, 서구의 흥기와 중국의 명백한 지체 및 쇠퇴를 병치시켜 설명하려고 마련된 학문적 성과는 거의 모두 이런 노력에서 나왔다(Jones 1987). 하지만 1920년대 베버의 책이 간행된 이래, 비교사와 사회과학 분야에서 나온 문헌은 대부분 서양과 동양 사회 및 경제를 문화·종교·이데올로기 측면에서 대비하고자 하는 성향이 줄어드는 식으로 좀 더 성숙해져 갔다(Lieberman 2009; Broadberry and O'Rourke 2010; Prak and Van Zanden 2013; Vries 2013).

한편 이와는 달리 중국사 연구자들은 서구의 흥기로 시작하고 끝나는 유럽 중심적 가정 전체와 단절하는 세계사 서술 속에서 중국을 두드러지고 중요한 지위로 복귀시키는 데 집중했다(Fairbank 1978). 나아가 중국사의 보다 장기적인 연대기적 서술로부터 끌어낸 역사적 전망은, 제국이 다양한 생태 환경을 지닌 광대한 영토 전역에 산재한 촌락에 자리 잡은 거대한 인구에게 꽤 괜찮은 수준의 대외 안보와 내부 질서, 생활 수준을 제공했다는 인상적인 통치 기록을 보여주었다(Feurwerker 1995; Adshead 1995; Von Glahn 2016). 여러 권으로 이루어진 '중국의 과학과 문명'에 대한 성과를 내놓은 니덤(Needham)의 프로젝트[25]는 중국이 과학과 기술, 도덕 철학 분야에서 일찍이, 그럼에도 보기 드물게 광범위한 기여를 했음을 드러내었다. 유럽인들이 중국인들과 직접 마주치기 오래전부터 여러 세기에 걸쳐 중국의 음식과 약재, 제조품들, 운송 방식, 의사소통 형식들이 서구로 흘러 들어갔다. 그리고 나서야 유럽인들은 그들 나름의 기계에 대한 독특하고 우월한 여러 유용한 지식과 공예품, 기호품으로 중국인에게 맞서면서, 제국의 안전과 안정, 그리고 농업 및 가계 생산 형태가 지배하는 경제에 기초를 둔 전통적인 생활 방식을 위협할 수 있게 되었다(Needham 1969, 1970).

그래서 서구의 흥기가 제기한 지정학적·경제적 도전에 대한 제국의 대응에 특징적이라고 제시된 예측의 결여와 지체, 구조적·정치적 변화에 대한 저항은 어떻게 된 일인지를 역사가들은 계몽주의로 거슬러 올라가는 설명과 분석, 논쟁들을 조사하여 살펴보게 되었다. 그 결과 역사가들은 이와 관련한 간행물이 도서관을 차려도 될 만큼 많았으며 그 간행물들은 점점 더 제국에 비판적인 평가를 가하게 되었음을 밝혀내었다. 그것은 유럽 중

---

25 영국의 생화학자이자 과학사가인 조지프 니덤(Joseph Needham: 1900-1995년)은 1930년대부터 중국의 과학에 관심을 두었고, 2차 세계대전 중에는 중국에 체재하는 경험을 하였다. 그 뒤 1948년부터 니덤은 '중국의 과학과 문명'에 대한 방대한 프로젝트를 시작하여 그가 사망한 후인 지금까지도 계속되고 있다. 그 결과는 지금까지 총 27권으로 간행되었고, 물리학에서 연금술, 식물학, 금속공학까지 과학과 관련한 거의 모든 분야에 걸치고 있다.

심적 시각에서의 개략적인 설명에서부터 '아시아적 생산양식'이나 '동양적 전제주의'와 같은 그런 개념들로 구현된 경멸로 가득 찬 정통 마르크스주의 저술이나 자유주의적 근본주의 저술에 걸쳐서 아주 다양했다(Hobson 2004). 아주 최근까지도 근대로의 이행과 관련해 현재 진행되는 논의에 개입한 경제학자와 정치학자, 사회학자, 그 외 다른 분야의 학자들은 유교라는 소위 "과거의 압박(dead hand)"으로 구현된 이상과 명령에 대해 대체로 (베버 이론에 따라) 부정적 입장을 취해왔다. 그것들이 오늘날의 공산당 체제 하에서도 중국과 중국인이 그들 문화의 근대화에 대해 드러내는 전략과 정책, 태도들에 계속해서 영향을 주어왔다는 것이다(Ferguson 2011; Duschesne 2011).

한편 언어학적 연구 역량과 광범위한 지식을 가진 여러 역사가들이 서구의 지정학적·경제적 흥기가 제기한 도전에 명·청대 중국이 어떻게 대응했는지를 맥락화하여 제대로 평가하기 위해 그에 필요한 연구를 수행했다. 이런 역사가들은 이제, 이를테면 1492년과 1815년 사이에 동양과 서양이 모두 "자산과 빚을 같이 짊어졌지만 다른 방식으로 짊어지고서 근대로의 이행"에 진입했음을 광범위하게 인정하고 있다(Brook 2011). 그런 빚(수십 년 전 마크 엘빈[Mark Elvin][26]의 고전적인 분석적 설명에서 정교하게 제시된) 중에 몇 가지는 유기적 경제로서 남보다 빨리 출발하여 여러 세기에 걸쳐 성공을 이룬 것이 어떻게 생산 가능성의 정점, 즉 "고도의 평형상태 트랩(high level equilibrium trap)"[27]으로 이어졌는지를 드러낸다(Elvin 1973, 1996). 그런 식으로 남보다 빨

---

26 Mark Elvin: 1938년 출생. 오스트레일리아 국립대학의 중국사학자. 영국 출신으로 젊은 시절 여러 지역을 오가며 공부한 경력 덕분에 뛰어난 비교 연구의 감각을 가졌다고 한다. 중국의 경제와 과학기술사에서 환경사까지 광범위한 관심을 가지고 영향력 있는 저서를 발표해 왔다. 본문에서 말한 "고전적인" 저술이란 『중국 역사의 발전 형태(The Pattern of the Chinese Past)』를 말하는 것으로, 이 책은 지금도 서구 중국사 연구의 대표적인 명저로 평가받고 있다.

27 마크 엘빈이 중국에 산업혁명이 없었던 이유를 설명하기 위해 제시한 개념으로, 그는 근대 초기 중국의 유기적 경제가 수요와 공급이 완전히 균형을 이루는 '평형점(equilibrium point)'에 이르렀다고 주장한다. 경제적 수요와 공급의 대규모 불균형이 광범위한 기술 진보를 촉발하는데, 명·청대 중국에서는 생산 방법과 무역망이 너무나도 효율적이었고 거기에 노동가치도 아주 낮아서, 생산의 효율성을 높이기 위한 자본 투자가 수익성이 없을 정도

리 출발하여 성공했기 때문에 오히려 불리하게 되는 것은 경제 발전의 역사에서 아주 흔하게 볼 수 있는 일이다(Wood 2002). 게다가 최근에는 환경에 대한 관심이 광범위하게 살아나면서, 점점 더 집약적으로 진행된 장기적인 자연 자원 개발과 이로부터 필연적으로 발생한 지역 생태계의 악화가 유럽과 중국 모두에 대해 가져온 장기적인 경제적 결과를 재검토하는 작업이 이루어졌다(Marks 1998, 2012; Pomeranz 2000).

중국과 유럽 사이의 연결을 다루고 그 둘 사이를 비교하는 역사 연구는 그 선례가 마르코 폴로로까지 거슬러 올라간다. 그 이후 그런 역사 연구는 오랫동안 논의를 계속하여 오늘날 '대분기 논쟁(Great Divergence Debate)'이라는 최신 국면에 이르게 되었고, 이 논쟁의 제목을 통해 우리는 그 내용을 가늠할 수 있다. '대분기 논쟁'을 촉발한 것은 21세기로의 전환기에 간행된 4권의 독창적인 저서들로, 로이 빈 웡(Roy Bin Wong)의 『중국의 변혁. 역사적 변화와 유럽 경험의 한계(*China Transformed. Historical Change and the Limits of European Experience*)』(1997)와, 데이비드 랜즈(David Landes)의 『국가의 부와 빈곤. 왜 어느 나라는 부유하고 어느 나라는 빈곤한가?(*The Wealth and Poverty of Naitons. Why Some are So Rich and Some are So Poor?*)』(1998), 안드레 군더 프랑크(Andre Gunder Frank)의 『리오리엔트. 아시아 시대의 글로벌 경제(*ReOrient. Global Economy in the Asian Age*)』(1998), 케네스 포메란츠의 『대분기. 중국과 유럽 그리고 근대 세계경제 형성(*The Great Divergence. China, Europe and the Making of the Modern World Economy*)』(2000)이 그것들이다. 랜즈의 저서(이에 앞서 에릭 존스[Eric Jones]의 『유럽의 기적(*European Miracle*)』[1981]이 있다)는 중국

였다는 것이다. 이와 동시에 지배적인 지적 패러다임이 도교에서 유교로 바뀌는 철학적 변화가 일어났고, 지식인들 사이에서 과학적 탐구보다 엄격한 사회조직의 발전이 더 중요하게 되었다고 한다. 그리고 이것이 향후 중국의 경제 발전에 오히려 장애로 작용했다는 것이다. 즉, 경제 성장을 가능케 하는 요소들이 가장 완벽한 평형상태에 이른 것이 오히려 그 이후 경제 성장을 추동할 자극을 제거함으로써 발전을 방해하는 요소로 작용한 것을 "고도의 평형상태 트랩"이라고 부른다.

에 대한 유럽 중심적 역사서술의 전통에 속한다고 확실하게 말할 수 있다. 반면에 빈 웡과 프랑크, 포메란츠의 저서들은 그런 전통이 가진 우쭐거리는 태도에서 중국 역사를 구하려는 의도로 마련되었고, 일찍이 1984년에 폴 코헌(Paul Cohen)이 쓴 저서 『중국사의 재발견. 중국의 최근 과거에 대한 미국의 역사서술(*Discovering History in China. American Historical Writings on the Recent Past*)』에서 명시적으로 표현된 현대 중국 연구의 분위기를 반영하고 있다. 코헌은 "중국이 강제력 없이는 자신의 변혁에 필요한 변화를 스스로 일으킬 능력이 없다는 가정, 즉 서구의 침략 결과로 전통 중국 사회가 서구의 이미지에 맞춘 새로운 근대 중국에 길을 내주게 되었다는 가정, 이런 가정의 구조 전체가 완전히 흔들린다"고 단호히 주장했다(Cohen 1984).

폴그레이브 피보트(Palgrave Pivot) 총서를 위해 마련된 이 얇은 책의 목적은 이러하다. 유라시아 대륙의 서쪽 끝과 동쪽 끝 사이에 벌어진 경제적 '대분기'를 둘러싼 현재의 지적으로 자극적인 논쟁 과정에서 (그리고 미심쩍게도 논의를 "문명"으로 확장시킴으로써) 중심 논객과 그 상대방들이 중국 경제 발전에 대한 유럽 중심적 시각이라는 족쇄를 제국 시기 중국에 대해 근대 서구가 가졌던 가정의 토대로부터 과연 얼마나 털어냈는가를 살펴보는 것이다 (Hobson 2004; Duchesne 2011; Ferguson 2011).

이 책의 도전(이것은 최근에 전개된 환경사로의 회귀가 자극한 것이기도 하다)은 몇 가지 방향에서 계속 수행되어온 것이며, 약 3 내지 4세기 동안을 회고해 볼 때 오로지 유럽사만이 진보적 궤적의 구성 요소들을 예시하는 것으로 볼 수 있다는 기왕의 견해에 대립한다. 이런 견해들이 유럽사에서 발견하는 진보적 궤적의 요소란 국가 구성, 제도 형성, 국내 및 해외 교역 시장의 확대, 기업 문화의 공고화이며, 무엇보다 근대 경제 성장으로의 이행에 필요한 광범위한 과학적·기술적·조직적 혁신의 발견 및 확산이 부각된다(Braudel 1981-84; Bairoch 1997; Landes 1998; Broadberry and O'Rourke 2010; Broadberry 2018).

중국사를 전문적으로 연구한 역사가들은 노동 생산성의 지속적인 증가와 생활 수준 성장의 가능성이라는 고지를 향해 나아가는 궤적이 가진 이런 요소들 모두가 철저하게 서구적이었다는 주장을 인정하지 않았다. 그들은 동방에 그런 궤적 요소들의 선례가 존재했으며 나아가 그런 요소들이 중국(아울러 일본과 인도)에서 놀랍게도 18세기 말까지도 꽤 효율적으로 계속 작동했다고 주장한다(Wong 1997; Frank 1998; Pomeranz 2000; Von Glahn 2016; Francks 2016).

게다가 그들은 자신들의 비판적 논의를 확장하여 이 논쟁에서 부차적이지만 전략적으로는 중요한 주장을 제시했다. 즉 유럽의 역사서술은 영국과 다른 유럽 경제가 유리한 자연 자원(특히 석탄) 면에서 가졌던 두드러지고 중요한 이점을 계속 경시해왔다는 것이다. 뿐만 아니라 그것은 아메리카 대륙의 우연적인 발견 및 식민화에서 결과한 임산물과 식량, 유기 원료, 지금, 광물의 수입에서 얻은 엄청난 양의 재원도, 그리고 서구와 동방 간의 교역에 서비스를 제공하여 얻은 착취적 소득도 경시했다(Frank 1998; Waley-Cohen 1999; Goldstone 2008; Goody 2010; Marks 2016).

이런 주장들은 모두 중국에 중심을 두고 제시된 것으로, 예상할 수 있듯이, 유럽과 미국의 역사가 및 경제학자들은 이에 대해 사안별로 하나하나 세밀하게 이의를 제기했다. 그들은 자신들의 주장을 입증하는 역사적 증거를 계속해서 대단히 많이 내어놓고 있다. 그 증거들은 유럽 국가와 제도, 대외무역, 문화의 특수성과 우월성을 보여주려는 의도를 가지고 통계 형태로 제시된다. 무엇보다 그 통계들은 유럽의 높은 선진적인 기술이 높은 수준의 생산성과 생활 수준을 낳고 지속시켰음을 보여준다고 한다(Acemoglu and Robinson 2013). 그러함에도 글로벌 비교사 연구에 참여하는 대부분의 학자들은 유럽인이 아메리카 대륙을 발견하는 시기 전후 몇 세기 동안 중국이 세계에서 가장 선진적인 유기적 경제의 자리에 있었다고 보는 것이 타당함을 인정할 수밖에 없었다(Day 2015; Deng 2016).

| 참고문헌 |

Acemoglu, D., & Robinson, J. (2012), *Why nations fail: The origins of power, prosperity and poverty*, New York: Crown Publishers.

Andrade, T. (2016), *The gunpowder age: China's military innovation and the rise of the west in world history*, Princeton: Princeton Univ. Press.

Adshead, S. (1995), *China in world history*, London: Palgrave Macmillan.

American Historical Review Forum (2002), 107 (2), Forum on "Political economy and ecology on the eve of industrialization: Europe, China and the global conjuncture".

Bairoch, P. (1997), *Victoires et déboires. Histoire économique et sociale du monde du XVIe siècle à nos jours*, 3 vols., Paris: Gallimard.

Bal, P. (2008), *Neo-confucianism in history*, Cambridge, Mass.: Harvard Univ. Press.

Barrow, J. (1806), *Travels in China containing descriptions, observations and comparisons*, London: T. Cadell and W. Davies.

Black, J. (2014), *The power of knowledge: How information and technology made the modern world*, New Haven: Yale Univ. Press.

Berg, M. (2006), "British industry and perceptions of China: Matthew Boulton, useful knowledge and the McCartney Embassy to China, 1792-94", *Journal of Global History*, 1, 269-288.

Braudel, F. (1981-84), *Civilization and capitalism*, 3 vols., London: Harper & Row.

Broadberry, S., & O'Rourke, K. (2010), *The Cambridge economic history of modern Europe*, vol. 1: *1700-1800*, Cambridge: Cambridge Univ. Press.

Broadberry, S., Guan, H,, & Li, D.D. (2018), "China, Europe and the great divergence: A study in historical national accounting", *Journal of Economic History* 78 (4), 955-1000.

Brook, T. (2010), *The Troubled Empire: China in the Yuan and Ming dynasties*, Cambridge, Mass.: Harvard Univ. Press.

Brook, T., & Blue, G. (eds.) (1999), *China and historical capitalism*, Cambridge: Cambridge Univ. Press.

Canadian Journal of Sociology (2008), 33 (1). Comment/Commentaire on "Rise of the west and Great Divergence".

Cohen, P. (1984), *Discovering history in China: American historical writing on the recent Chinese past*, New York: Columbia Univ. Press.

Cranmer−Bying, J.L. (ed.) (1962), *An embassy to China: Lord Macartney's Journal, 1793−1794*, London: Longman, Green & Co.

Daly, J. (2015), *Historians debate: The rise of the West*, Abingdon: Routledge.

Dawson, R. (1967), *The Chinese chameleon: An analysis of European conceptions of Chinese Civilization*, Oxford: Oxford Univ. Press.

De Mendoza, Juan Gonzalez (1853), *The history of the great and mighty kingdom of China and the situation thereof*, ed. by G. Staunton, 2 vols., London: Hakluyt Society.

Deng, K. (2015), *Mapping China's growth and development in the long run, 221 BC to 2020*, Singapore: World Scientific Publishing Company.

Dixin, X., & Chengming, W. (eds.) (2000), *Chinese capitalism 1522−1840*, London: Palgrave Macmillan.

Duchesne, R. (2011), *The uniqueness of western civilization*, Leiden: Brill.

Eckstein, A., Galenson, W., & Liu, T.−C. (eds.) (1968), *Economic trends in communist China*, Edinburgh: Edinburgh Univ. Press.

Eichengree, B., Gupta, P., & Kumar, R. (eds.) (2010), *Emerging giants: China and India in the world economy*, Oxford: Oxford Univ. Press.

Elvin, M. (1973), *The pattern of the Chinese past: A social and economic interpretation*, Stanford: Stanford Univ. Press.

Elvin, M. (1984), "Why China failed to create an endogenous industrial capitalism? A critique of Max Weber's explanation", *Theory and Society*, 13 (3), 379−391.

Elvin, M. (1996), *Another history: Essays on China from a European perspective*, Broadway, NSW: Wild Peony.

Fairbank, J.K. (ed.) (1978), *Cambridge history of China*, vol. 10: *Late Ch'ing 1800−1911*, Cambridge: Cambridge Univ. Press.

Ferguson, N, (2011), *Civilization: the west and the rest*, London: Allen Lane.

Feurwerker, A. (1995), *Studies in the economics of late imperial China*, Ann Arbor: Univ. of Michigan Press.

Francks, P. (2016), *Japan and the great divergence. A short guide*, London: Palgrave Macmillan.

Frank, A.G. (1998), *ReOrient. Global economy in the Asian age*, Berkeley: Univ. of California Press.

Gernet, J. (1982), *A history of Chinese civilization*, Cambridge: Cambridge Univ. Press.

Goldstone, J. (2008), *Why Europe? The rise of the west in world history 1500−1850*, New York: McGraw Hill.

Goody, J. (2010), *The Eurasian Miracle*, Cambridge: Polity Press.

Grinin, L., & Korotaytev, A. (2015), *Great divergence and great convergence: A global perspective*, Cham: Springer.

Hobson, J. (2004), *The eastern origins of western civilization*, Cambridge: Cambridge Univ. Press.

Jones, D.M. (2001), *The image of China in western social and political thought*, Houndsmills: Palgrave.

Jones, E. (1987), *The European miracle. Environments, economies and geopolitics in the history of Europe and Asia*, Cambridge: Cambridge Univ. Press.

Journal of Asian Studies (2002), 61 (2).

Journal of Asian Studies (2003), 62 (1).

Landes, D. (1998), *The wealth and poverty of nations: Why some are so rich and some so poor*, New York: W.W. Norton.

Lieberman, V. (2009), *Strange parallels: South−East Asia in global context, c. 800−1830*, Vol. II, *Mainland Mirrors: Europe, Japan, China, South Asia and the islands*, Cambridge, Mass.: Harvard Univ. Press.

Mackerras, C. (1989), *Western images of China*, Oxford: Oxford Univ.

Press.

Marks, R. (1998), *Tigers, rice, silk and salt: Environment and economy in late imperial South China*, Cambridge: Cambridge Univ. Press.

Marks, R. (2012), *China: Its environment and history*, New York: Rowman & Littlefield.

Marks, S. (2016), *The Information Nexus: Global capitalism from the renaissance to the present*, Cambridge: Cambridge Univ. Press.

Maverick, L.A. (1946), *China: A model for Europe*, San Antonio: Paul Anderson Company.

Mote, F. (1999), *Imperial China 900-1800*, Cambridge, Mass.: Harvard Univ. Press.

Mungello, D. (2005), *The great encounter of China and the west*, 2nd ed., Lanham: Rowman & Littlefield.

Needham, J. (1969), *The great titration: Science and society in East and West*, Toronto: Allen & Unwin.

Needham, J. (1970), *Clerks and craftsmen in China and the West*, Cambridge: Cambridge Univ. Press.

Parthasarathi, P. (2011), *Why Europe grew rich and Asia did not: Global economic divergence, 1600-1850*, Cambridge: Cambridge Univ. Press.

Perdue, P.C. (2005), *China marches west: The Qing conquest of central Eurasia*, Cambridge, Mass.: Belknap Press of Havard Univ. Press.

Perez Garcia, M., & De Sousa, L. (2018), *Global history and new polycentric approaches: Europe, Asia and the Americas in a World Network System*, Singapore: Palgrave Macmillan.

Phillips, J.R.S. (1998), *The medieval expansion of Europe*, 2nd ed., Oxford: Clarendon Press.

Pomeranz, K. (2000), *The great divergence: China, Europe and the making of the modern world economy*, Princeton: Princeton Univ. Press.

Prak, M., & Van Zanden, J.-L. (2013), *Technology, skills and the pre-modern economy in the west and east*, Leiden: Brill.

Ringmar, E. (2007), *Why Europe was first? Social and economic growth in Europe and East Asia, 1500−1850*, New York: Anthem Press.

Sachsenmaier, D. (2015), "Chinese definitions of the European − Some historical examples", *Comparativ* 25 (5/6), 101−115.

Sierferle, R.P., & Breuninger, H. (eds.) (2003), *Agriculture, population and development in China and Europe*, Stuttgart: Breuninger Stiftung GmbH.

Spence, J.D. (1999), *The Chan's great continent. China in western minds*, New York: W.W. Norton.

Temple, R. (1998), *The genius of China: 3000 years of science, discovery and invention*, London: Prion Books.

Von Glahn, R. (2016), *The economic history of China: From antiquity to the nineteenth century*, Cambridge: Cambridge Univ. Press.

Vries, P. (2013), *Escaping poverty: The origins of modern economic growth*, Vienna: Vienna Univ. Press.

Vries, P. (2015), *State, economy and the great divergence: Great Britain and China 1680s−1850s*, London: Bloomsbury.

Vries, P. (2019), *Averting the great divergence. State and economy in Japan, 1868−1937*, London: Bloomsbury Academic.

Waley−Cohen, J. (1999), *The sextants of Beijing. Global currents in Chinese history*, New York: W.W. Norton.

Weber, M. (1951), *The religion of China: Confucianism and Taoism*, Clencoe: Free Press.

Wong, R.B. (1997), *China transformed: Historical change and the limits of European experience*, Ithaca: Cornell Univ. Press.

Wood, E. (2002), *The origins of capitalism − A longer view*, New York: Verso.

Wright, M.C. (1957), *The last stand of Chinese conservationism: The T'ung−Chih restoration, 1862−1874*, Stanford: Stanford Univ. Press.

Chapter 2

중국과 서유럽 사이의
경제적 분기를 서술하기 위한
통계적 기초: 1636-1839년

| 요약 |

이 장에서는 대분기 논쟁에 참여한 학자들이 정하여 이용하고 때로는 반박한 데이터를 평가하고자 한다. 이 학자들은 기존 역사서술을 수정하는 핵심적인 논지를 "검증"해 볼 목적으로 통계에 기초해 시간순에 따른 분기 과정의 서술을 제공해 왔다. 여기서 핵심 논지란, 산업혁명 이전 여러 세기 동안 중국 경제와 서유럽 경제가 그 주민들에게 제공한 생산성 및 복지 수준이 놀랄 정도로 유사했다는 것이다. 만약 포괄적이고 치열한 논쟁의 대상인 이 "사실"이 타당성이 있는 것으로 밝혀진다면, 더욱 효율적인 국가와 경제 제도, 문화적 신념, 유용한 지식 축적 체계를 발전시켰기에 유럽의 역사적 궤적이 더 우월했다고 하는 주장들은 그 기초에 손상을 입을 터였다. 예측할 수 있듯이, 서구의 경제사가들은 '캘리포니아 학파'가 제시한 이런 핵심 테제에 대한 검증을 자기가 속한 경제사 분야에서 권하는 방식으로 수행해, 국가 경제들이 자신의 주민들에게 제공한 복지의 비율과 수준을 가늠해보고자 했다. 그들은 서유럽과 제국 시기 중국의 일인당 생산량과 주민의 키, 실질 임금에서 얻는 소득을 측정하여 파악할 수 있으며, 이에 근거하면 두 지역의 이런 여러 요소들이 18세기 말보다 더 오래전부터 유사하지 않고 달랐음이 "입증되었다"고 주장한다. 하지만 (특히 제국 중국과 관련해) 이용 가능한 역사적 데이터의 양과 질을 정밀하게 조사한 결과, 그 데이터는 통계에 기초해 시간순에 따른 분기 과정의 서술을 제공하려는 목적에는 맞지 않음이 드러난다. 심지어 얼핏 역사적인 질적 증거로 적합한 것으로 보일 때조차 발표된 추정 수치들은 (오랜 논쟁 시기 전체에 걸쳐) 늘 개념상 모호했고 통계학적으로 적절치 않았으며, 제국 중국에서 시간에 따라 일어난 변화를 동시에 측정하는 데 필요한 추론이 실제로 타당성이 있음을 입증하는 역사적 증거로서는 인정할 수 없는 것이었다. 아울러 중국 경제와 서유럽 경제를 동시대적으로 비교하기 위한 역사적 증거로서도 마찬가지였다. 논쟁 당사자 양쪽 모두가 수량화할 수 있는 자료를 수량화하고자 애썼다는 점은 칭찬할 만하다. 하지만 그런 노력은 역사 연구에 맞지 않는 패러다임이라고 말할 수 있다. 왜냐하면 그런 작업은 시간에 따라 분기를 추적하고 탐색하고 설명하는 데 얼마나 더 개연성 있는 데이터들이 나오는가에 따라 다른 결론을 낼 것이기 때문이다.

| 주제어 |

역사적 궤적·지체·정체·쿠즈네츠 패러다임·GDP·매디슨·브로드베리·켄트 등·통계 지수·실질 임금·생활 수준·유기적 경제·생산성.

20년 남짓한 기간 동안 벌어진 활발한 논쟁 이후 이제 대분기를 분석하려는 시도들은 다음을 인정하면서 시작하는 것이 타당한 것 같다. 즉, 적어도 기원후 1,500년 동안 중국의 유기적 경제[1]가 현대 서유럽의 경계 내

---

1   전통적으로 경제적 성공을 영속적인 성장에 두어 왔지만, 한정된 자원(특히 화석연료)을 가진 세계 속에서 영속적 성장을 가정하여 그에 기초하는 경제는 결국 자원을 제공할 수 있는 자연의 힘에 의해 성장이 제한되는 지점에 이를 수밖에 없다. 이런 점에서 유기적 경제를 상

에 무리를 이루고 자리한 국가 경제들보다 경제적·기술적인 면에서 더 선진적이었을 가능성이 아주 높고 그래서 그렇게 말해도 무방하다는 것이다. 그리고 그 시기가 끝날 무렵에야 상호 연결된 일단의 서유럽 나라들이 서서히 발전하여 과학적·기술적·경제적·지정학적 측면에서 세계에서 가장 강력한 선진국이 되었다(Goldstone 2002, 2008; Hobson 2004; Lieberman 2009; Goody 2010; Daly 2015).

따라서 현재의 대분기 논쟁은 영국이 주도한 서유럽의 국가 경제들이 제국 중국의 경제보다 명백하게 앞서게 된 때가 언제인가와 어떻게 그렇게 되었는가, 그리고 그렇게 된 이유는 무엇인가에 집중해왔다(Baumol et al. 1994; Goldstone 2008). 유라시아 대륙의 이 두 지역들이 분기 이전의 여러 세기 동안 경제적 측면에서 사실상 연결되어 있지 않았기에, 현재 글로벌 역사 내의 분석 비교는 상호 연결성을 다소간 무시하고 경제 성장을 향한 두 지역의 대비되는 궤적에 집중한다고 말할 수 있을 것이다(Gregory 2003; MacFarlane 2014; Vries 2015; Roy and Riello 2019).

따라서 핵심적인 질문은, 왜 한 역사적 궤적은 우리가 목격한 서구 경제의 더욱 빠른 발전으로 이어진 반면 다른 궤적은 프랑스 혁명과 산업혁명 이전 약 3, 4세기 동안 확연한 지체와 쇠퇴의 흐름에 다름 아닌 모습을 보여주었는가이다. 어느 쪽이든 대부분의 역사가들은 점점 더 확장되고 격심해지던 지정학적·경제적 연계(여기에는 유럽과 아시아 간의 교역과 경쟁이 포함된다) 내에서 중국의 상대적 지위가 악화되었다는 데 동의한다(Marks 2016). 제국

정할 수 있다. 유기적 경제는 영속적인 성장이 가능하지도 않고 바람직하지도 않음을 인정할 줄 아는 경제이다. 그 경제는 자연과의 유기적 조화 속에 스스로 균형을 잡는다. 아울러 그것은 가치와 자본, 신용, 재능, 소비의 흐름 상에서 내적인 유기적 균형을 유지한다. 이런 흐름들은 탈(脫)중앙집중적인 화폐체제를 통해 서로 조화를 이룬다. 이렇게 유기적 경제를 상정할 때 산업 사회 이전의 농업 중심 경제는 자연 자원에 의해 제약되고 그것과의 조화 속에서 성장과 쇠퇴를 반복하기에 기본적으로 유기적 경제라고 할 수 있다. 제국 시기 중국이든 산업화 이전 잉글랜드든, 기본적으로 농업에 기초를 둔 경제이기에 모두 유기적 경제라고 보는 것이다.

중국의 지체를 설명하기 위해서는, 방대한 영토 제국의 통치를 위한 전통적인 정치 체제의 유지와, 낡아빠진 제도, 보수적 신념, 후진적인 기술이 거론되었다. 이런 것들이 여러 세기 동안 중국의 농업 경제를 하나의 궤적 위에 두고 계속 유지시켰으며, 그 궤적은 그렇지 않았으면 회피할 수도 있었던 정체로 이어졌다는 것이다. 그리고 그것은 장기간에 걸쳐 확대되었던 유럽, 북아메리카, 오스트레일리아와의 분기로도 이어졌다(Lebow et al. 2006; Ringmar 2007; MacFarlane 2014).

　　오늘날 이런 시각(격렬한 반박을 불러왔다)을 거부하며 수정하려는 논의의 핵심은 캘리포니아 학파의 저술에서 읽을 수 있다. 캘리포니아 학파가 정초한 테제는 프랑스 혁명 이전 여러 세기 동안 서유럽과 중국의 경제가 여러 측면에서, 특히 효율성 수준의 측면에서 놀랄 정도로 비슷했던 것 같다고 주장한다. 그들이 강화하고 옹호해온 이 테제는 이제 널리 알려져 있다. 더 나아가 그들은, 생산성과 주민들의 생활 수준 면에서 서유럽과 중국 사이에 확실하게 나타난 격차를 유럽 경제 체제가 더 선진적이고 진보적이었다는 증거로 보지만, 우월했다고 여겨지는 서유럽 국가들의 정치 체제, 문화적 신념, 경제 제도 및 기술이 18세기 말 시점까지는 그런 격차를 조금도 발생시키지 않았다고 주장한다(Pomeranz 2000).

　　따라서 중국 경제가 그 주민에게 제공한 일인당 복지 수준을 유럽의 수준과 연대순으로 대비하는 것을 둘러싼 갑론을박은, 세계 경제의 수렴 및 분기와 관련해 조금이라도 진지하게 논의하고자 한다면 반드시 먼저 전제로 다루어야 하는 핵심 주제이다(Baumol et al. 1994). 오래전부터 이어져온 유럽 중심적인 시각이나 베버 이론에 입각해 유럽에 중심을 두는 시각은, 1,000여 년에 걸쳐 제국 중국에서 생산을 둘러싸고 등장한 문화적 신념, 법적 규제, 정치 제도의 틀이 구조 변화와 혁신에 장애가 되었을 가능성이 높은 장기적인 경제 과정의 궤적을 촉진했고 반면에 서유럽에서는 근대적 산업 시장 경제로 이끈 구조 변화와 혁신이 일어났기 때문에 분기가 발생했다고 보았다. 캘리포니아 학파는 이런 기존의 시각을 잠식하기 위해 수정론적 논지를 제시했고, 만약 중국과 유럽의 개별 역사적 궤적에 해당하는 인정할 만한 통계 자료들을 찾아내어 모으고 연대를 파악하여 비교할 수 있다면, 거기서 나온 거시경제지수로 그들이 개진한 수정론적 논지의 타당성을 근본적으로 "검증"해 볼 수 있을 것이라고 주장했다(Goldstone 2008; Parthasarathi 2011; Von Glahn 2016; Roy and Riello 2019).

서구의 경제학자와 경제사가들은 캘리포니아 학파의 이런 도전에 지체없이 응하여, 제국 말기 중국에 대한 자신들의 시각이 피상적이고 유럽 중심적이라는 비판을 무너뜨리기 위해 이론적으로 타당성 있는 이유들을 제시했고, 아울러 이를 뒷받침하기 위한 통계 자료를 제시했다. 하지만 그 자료들은 좀 미심쩍고 논란의 대상이 되는 것들이다. 예측할 수 있듯이, 그들은 성장률과 국가 경제가 자신의 시민들에게 제공한 상대적 복지 수준을 수량화하는 데 이용하는 경제학 및 경제사 분야의 기준과 그에 입각한 검증 방법들로 캘리포니아 학파의 핵심 테제들에 계속 집중포화를 가했다 (Kutznets 1966; Maddison 2007; Broadberry et al. 2018).

이렇게 성장률과 상대적 복지 수준을 수량화하는 역사 연구 프로그램이 대분기 논쟁에 중심적이었고, 이들은 계속 근대 이전 중국과 서유럽의 경제에 대한 통계 자료들을 밝혀내고 있다. 그런데 이들은 시행착오를 거듭하며 문제를 해결하는 식으로 통계 자료를 제시하여 그 대상 경제 모두의 역사를 고찰하고 비교하며 그에 대한 이해 방식을 정초해왔다. 그런 연구 프로그램은 성장하여 수십 년 전에 노벨 경제학상 수상자인 사이먼 쿠즈네츠[2]가 확립한 패러다임을 입증하는 주된 본보기가 되었는데, 쿠즈네

---

2 Simon S. Kuznets: 1901-1985년. 러시아 출신 미국인 경제학자. 1971년 노벨 경제학상 수상자로서, 통계학적 경험 자료를 통해 일반 이론을 입증하는 방식으로 계량경제학의 발전에 큰 공헌을 했다. 특히 그는 다른 지역의 경제 성장과 발전을 통계학적 자료에 근거해 비교 연구하는 방식에 중심을 두었는데, 이를 통해 경제 발전과 소득불평등의 관계에 대한 역U자 가설을 제시했다. 또한 독립 이전 미국 경제에 대한 시계열적 통계작업을 통해 약 20년을 주기로

츠는 국민 경제의 역사들과 실증 경제학(empirical economics)[3] 연구를 위해 그리고 장기 경제 성장의 글로벌 역사에 비교 방법을 적용하기 위해 그런 패러다임을 마련했다(Kuznets 1971; Floud et al., *Cambridge Economic History of Britain*, vol. 1의 1981년 판, 1994년 판, 2004년 판, 2014년 판 참조; Broadberry and O'Rourke 2010; Fogel et al. 2013).

　기업과 농장, 도시, 지역, 나라, 제국들의 장기적인 경제 발전의 상대적 수준만이 아니라 비율, 양상, 메커니즘과 관련한 수량화된 추론을 내놓고자 하는 이 패러다임은 생산적인 결과를 낳을 가능성을 충분히 지니고 있지만, 불행히도 그로부터 나온 결과가 타당성이 있는지 여부는 다음에 달려있다. 즉 쿠즈네츠 지수의 구축에 참여하는 학자들이 다루는 통계 자료의 효용성과 입수 가능성, 양과 질에 달려있고, 아울러 그 학자들이 얼마나 세심한가에 달려있는 것이다(Fogel et al. 2013). 그러한 지수가, 이를테면, 정형화된 중국 농민의 가족 단위 수입에 대비하여 유럽의 숙련 및 미숙련 노동자의 일인당 GDP와 실질 임금률의 상대적 수준을 가늠하고 비교할 목적으로 마련되었다. 현대 경제학과 경제사는 일단 자명한 역사적 증거의 확인을 위한 과학적 방법으로서 수량화에 특권적 지위를 부여하고 있다. 이를 고려하면 이렇게 힘들게 얻은 투명한 일련의 통계 자료의 구축을 통해 18세기 말 훨씬 이전에 제국 말기 중국 경제와 서유럽 경제 사이에 생산성 면에서 차이가 있음을 잴 수 있을 것이다. 그리고 데이터 상에서 이것이 드러남을 밝힘으로써 캘리포니아 학파가 내놓은 주장의 기초가 약화되었다고 볼 수도 있다. 그래서 계속해서 제국 시기 중국의 유기적 경

한 경제 변동(소위 '쿠즈네츠 사이클')을 밝혀내었다.

3　empirical economics: 실증 경제학은 '규범 경제학(normative economics)'과 함께 경제학을 분류하는 한 기준으로, 경제 현상을 일어난 사실로 인식하고 수와 같은 데이터 자료로 만들어 제시함으로써, 앞으로 어떻게 될 것이라는 미래 전망까지 도출하는 것이다. 즉 객관적 통계 수치의 제시가 가능하고 이를 바탕으로 수치를 가정하며 이후 확정된 자료로 그 가정의 맞고 틀림을 검증할 수 있는 것이 실증 경제학이다.

제 운영에 대해 그 문화와 제도 면에서 나타난 장기적인 결함에 준거하여 대분기를 분석하고 설명할 수 있었다(Van Zanden and Ma 2017; Broadberry et al. 2018).

유럽인과 중국인들이 18세기 말까지 "놀랄 정도로 유사한" 세계 속에서 살고 일했다는 주장에 여전히 중심적인 것은 그것을 연대순으로 설명하는 것이다. 그 이유는 18세기 말을 경계로 한 시대 설정이 견실한 통계 자료에 의해 뒷받침될 수 있다면, 1,000여 년에 걸쳐 대규모 제국 경제의 운영을 위해 확립되어 유지된 문화와 제도, 그리고 무엇보다도 국가 정체가 장기적으로 결함(베버 이론에 입각한 학자들이 상정했던)이 있었다는 주장은 더 이상 유지되기가 힘들 것이기 때문이다(Deng and O'Brien 2017). 게다가 유럽이 중국으로 수렴되었고 궁극적으로는 중국으로부터 분기했음을 통계에 기초해 연대순에 따라 설명할 수 있고[4] 이를 받아들일 수 있다면, 중국을 중심에 둔 시각에서는 그런 수렴과 분기를 다양한 우연적이고 부수적인 요소들의 결과로 보는 것이 더 타당하다고 제시할 수 있을 것이다. 여기서 말하는 다양한 우연적 요소에는 미개발 상태였지만 결국에는 극히 중요한 에너지원이 되었던 석탄이라는 유럽의 자연 자원, 아메리카 대륙에서 진정으로 엄청난 양의 자연 자원을 발견하여 이용한 것, 유럽이 그 대륙 전체를 통치하고 규제할 단일 패권 국가를 구성하여 유지하지 못한 사실에서 결과한 국가간 경합과 중상주의적 경쟁, 장기적으로 중간중간 이어진 전쟁의 의도치 않은 결과 등이 포함된다(Lebow et al. 2006; *Canadian Journal of Sociology* 특별호, 2004, 2008; *Economic History Review* 2011; Vries 2015).

---

4 통계적 데이터에 기초해 두 지역의 장기적인 경제 성장 그래프를 작성하면, 그 그래프의 곡선이 처음에는 중국 쪽을 상위에 두고 나누어져 있다가 18세기 말을 향해 가면서 곡선 간의 간격이 줄어들어 결국 만나게 되고, 어느 시점에는 유럽 쪽 곡선이 상위로 올라가며 다시 나누어지는 것을 염두에 두고, '수렴(convergence)'과 '분기(divergence)'라는 용어를 사용한다. 즉, 수렴이나 분기 같은 용어 자체가 통계 자료에 기반한 계량 경제학적 연구 방법을 전제로 하고 있음을 보여주며, 이것은 대분기 논쟁의 주축을 이루는 것이 성장 중심의 경제학임을 상기시킨다.

유럽 경제사를 전공으로 하는 일군의 뛰어난 학자들은 서구 대학에서 교육받은 경제학자 무리의 부추김을 받아, 계속해서 자신들의 적절하게 측정된 일련의 데이터가 18세기보다 훨씬 더 일찍 분기가 발생하고 있었음을 입증한다고 주장했다(Maddison 2007; Broadberry et al. 2018). 실제로 그렇다면 최근 수집해 측정한 통계 자료는, 제국 시기 중국의 상대적 후진성이 기원하여 지속된 출처를 (베버 이론에 입각한 학자들이 주장하듯) 문화적 신념 및 생산과 관련해 자리한 정치적·법적·제도적 틀에서 찾을 수 있다는 전통적인 유럽 중심적 시각을 뒷받침한다고 할 수 있다. 이런 것들이 19세기와 20세기에 걸쳐 뚜렷한 분기 국면이 등장하여 확대되기 오래전부터 마련되어 작동하고 있었음을 그런 통계 자료를 통해 알 수 있다는 것이다(Jones 1987; Wood 2002; Ringmar 2007; Howell 2010).

그러나 불행히도 이 논쟁에서 양쪽이 이용한 통계 자료는 모두 검증을 통과하지 못할 것이다(Feurwerker 1973; Vanhaute [ed.], Special Issue of *Low Countries Journal of Social and Economic History* 2015). 심지어 (믿을 만한 지수 구축에 적합한 공식 공문서를 갖추고 있는) 서유럽 경제의 경우에도, 거시 경제 척도를 위해 이용하는 일차 자료를 다루는 역사가들이 대부분 인정하듯이, 경제 발전의 정도와 상대적 수준에 대한 타당성 있는 추론을 구축하는 것은 상당히 힘든 일이었고 일단 추론이 구축되더라도 그것을 면밀하게 검토해보면 흔히 계속 견지하기가 어려운 것으로 드러났다(Perrson 2010; Bateman 2012; Vries 2015). 제국 시기 중국의 경우, 전체 인구수와 경작지 면적, 명목임금율, 주요 작물 및 공산품의 생산량, 수출 및 수입량, 표준화되거나 표준화가 가능한 계산화폐 등과 같은, 거시 경제 지수를 활용한 타당성 있는 추론의 구축에 필요한 가장 기본적인 증거조차도 전혀 입수할 수가 없다(Howell 2010; Feurwerker 1973; Kuroda 2013; Deng and O'Brien 2015, 2016). 하지만 이런 시각에 대해서도 반박이 있었고, 이런 반박에 대해 다시 등과 오브라이언(Deng and O'Brien)이 재반박하였다(Van Zanden and Ma 2017; Deng and

O'Brien 2017. 두 논문은 모두 같은 학술지에 실렸다).

그러므로 대분기 논쟁의 양 당사자가 이용하는 데이터에 대한 최근의 세밀한 조사는 쿠즈네츠 패러다임을 역사 연구에 적용하여 근대 이전 역사에서 분기가 등장하여 지속되고 확대된 국면을 특정하는 것은 실행 가능하지 않다는 결론에 이를 수밖에 없었다(Deng and O'Brien 2016). 이 특정한 논쟁을 칼 포퍼[5]가 보았다면, 그런 패러다임은 퇴보하게 마련이라고 했을 것이다. 쿠즈네츠 패러다임의 지위는 미술사에서 개념 미술[6]이 가지는 위치와 비슷하다. 그것은 구성된 수로 전달되는 인상을 역사적 사실로 받아들이는 사람들에게는 그 자체로 설득력이 있지만, 사실 그것은 설명되어야 할 진술들(explicanda)에 가까운 것으로, 장기적 성장 과정을 분석적으로 밝히기 위해선 그 자체가 다시 설명되어야 한다.

개념적으로 유효하고 통계적 측면에서 인정 가능한 지수를 확정하는 것은 제국 중국의 경제와 서유럽에 자리한 일군의 국민 경제들 사이에 일어난 수렴과 분기에 대한 시간순에 따른 역사서술을 특정하는 데 기여할 수 있을 것이다. 그렇기에 이런 지수 확정에 목적을 두고 최근에 간행된 문헌들을 상세 항목별로 세부적으로 길게 다루는 것도 중요할 것이다. 하지만 분기를 둘러싼 대논쟁을 간단히 소개하는 이 책을 그런 식으로 서술하게 되면, 분명 독자들이 너무 지루해 할 것이다. 통계 데이터의 유효성을 둘러싼 논의를 알고 싶은 독자는 『세계 경제학(*World Economics*)』에서 전개된 반 잔덴 및 마와 등 및 오브라이언의 갑론을박을 참조하기를 바란다

---

5 Karl R. Popper: 1902-1994년. 오스트리아 태생 영국 철학자. 런던 정치경제대학 교수였고 20세기의 가장 영향력있는 과학철학자로 평가받는다. 그는 귀납주의적 과학 방법론을 부정하고 반증 가능성이 과학임을 증명한다고 주장하였다.

6 conceptual art: 개념 미술은 작품에 포함된 개념 또는 관념이 전통적인 미학적, 기술적, 물질적인 것보다 선행하는 미술이다. 1961년 헨리 플린트(Henry Flint)가 처음으로 저 용어를 사용했으며, 지금은 전통적이고 고전적인 미술 소재 및 방식을 사용하지 않는 모든 현대 미술을 개념 미술이라고 보기도 한다. 작품이 보여주는 인상보다 작품에 담긴 관념이나 개념이 더 중요하다고 보는 개념 미술은 예술의 본성에 의문을 제기했다고 한다.

(Van Zanden and Ma 2017; Deng and O'Brien 2017).

경제사에서는 비교를 목적으로 지표들을 산출하려고 마련된 연구 수행은 아주 흔한 일이며 두 가지 명확화에 입각해 있다. 첫째는 설명되어야 할 진술, 즉 특정 지수가 전달하고자 하는 것을 명시하는 것이다. 대분기 논쟁에 참여한 학자들은 제국 시기 중국 경제와 서유럽 경제가 자신의 주민들에게 제공한 평균적인 복지의 상대적 수준과 그것이 시간에 따라 어떻게 변했는가를 측정하려는 취지에서 여러 지수들을 제시한다. 이 두 지역의 인구 규모와 영토 영역 상의 차이, 그리고 광대한 이 두 지리적 총체 전역에 걸쳐 산재한 지역별 생활 수준의 편차들을 고려하여, 대분기 논쟁과 관련해 나온 많은 간행물들은 당시 서유럽과 중국의 세계에서 가장 상업화되었고 경제적으로 선진적이었던 지역들에 집중하자는 포메란츠의 제안을 따랐다. 그의 분별력 있는 제안으로, 서유럽을 대표하는 것으로 잉글랜드[7]와 네덜란드를 두게 되었고, 제국 중국을 어쨌든 대표하는 것으로 양쯔강 하구 델타 지역의 타이호(太湖)[8] 주위의 여러 성들[9]과 주요한 세 도시들(베이징, 광저우[廣州], 쑤저우[蘇州]), 쑹장현(松江縣)[10]이라는 작은 현을 두게 되었다(Li and Van Zanden 2012; Deng and O'Brien 2018; Hatcher and Stephenson 2018).

분명히 "전(全) 지구적인" 경제사를 한다면서 비교를 수행하려는 목적으

---

7 대분기 논쟁의 대상 시기가 상당 부분 1707년 연합왕국(United Kingdom), 즉 영국 성립 이전에 해당되며, 아울러 대분기 논쟁에서 중국의 특정 지역과 구체적 자료에 근거해 비교하는 영국은 잉글랜드에 해당되는 경우가 많다. 따라서 이하에서도 원문의 표기를 고려하고 시기와 내용상 의미가 명확할 경우, 'England'는 '잉글랜드'로 옮긴다.

8 장쑤성 남부에서 저장성에 걸쳐 있는 중국에서 3번 째로 큰 담수호. 화북으로 이어지는 대운하와 연결되어 있고, 양쯔강과 황푸강 등 여러 강들이 이를 거쳐 다시 바다로 나간다. 그 주변 일대는 장난 최대의 곡창지대로 농업, 양잠업, 직물업 등이 발달했고, 지금도 여전히 중국 경제의 중심지 역할을 하고 있다.

9 장쑤(江蘇)성과 저장(浙江)성을 말하며, 양쯔강 델타 지역에는 안후이(安徽)성도 포함시킨다.

10 쑹장현은 상하이를 관통하는 황푸강 상류에 위치한 곳으로, 현재는 상하이에 속하여 남서쪽의 위성도시 중 하나이다. 원래 상하이보다 더 일찍 당대 중반에 처음으로 행정구역이 되었으며 원대에는 '부(府)'가 설치되었다. 명·청대에도 번성하여 중국 15대 도시 중 하나로 인정받았고, 직물업이 크게 발달했다.

로 지리적 공간 및 사회적 공간을 좁히는 것은 납득이 가지도 않고 만족스러운 일도 아니며, 경제학자들 사이에 퍼져 있는 일인당 GDP에 대한 편애를 확인하는 것일 수도 있다. 경제학자들은 고(故) 앵거스 매디슨(Angus Maddison)이 1990년 현재 국제 달러 환율에 근거해 산정한 일련의 일인당 GDP 추정치를 중국 전체에 해당한다고 여기면서 그것을 다듬어 가며 계속 이 논쟁에 참여해 왔다(Maddison 2007; Broadberry et al. 2018; 이에 대한 비판적 논의는 de Jong and Van Ark 2012 참조).

매디슨의 투명한 노력과 그 성과를 좀 더 다듬고자 하는 작업은 사회적 복지의 증감률 및 상대적 수준에 대한 국제적 비교에 가능한 최선의 추정 수치, 즉 일인당 GDP 추정 수치를 제공하려는 의도에서 이루어졌고, 따라서 여전히 시행착오를 통해 수정해 가며 고민을 이어갈 만하다(Broadberry et al. 2018). 그럼에도 그들의 작업은, 명·청대 중국에서 생산된 상품 및 서비스 산출량 수준에 대한 거시경제적 추정치 구축에 활용 가능한 통계 지수의 적절성만이 아니라 일차 자료의 범위와 질까지도 평가할 자격을 갖춘 전문 경제학자와 역사가들 사이에서 폭넓은 논쟁의 대상이 되었고, 이런 이유에서 심각한 결함이 있다(Deng and O'Brien 2017). 공개적으로 발표된 수치들은 여전히 개념적으로 모호하고 통계적 측면에서 근거가 없으며 "타당성 있는 추론"(Bolt et al. 2018)을 위한 표준적인 역사적 증거로서 인정할 수가 없다. 그런데도 제국 말기 중국의 국내 생산 수준의 시간에 따른 변화를 측정하고 동시에 그것을 동시대 서유럽 경제와 비교할 수 있는가의 여부에 대한 논쟁이 계속되고 있고, 이른 시간 안에 끝날 것 같지가 않다 (Deaton and Heston 2010; Stiglitz et al. 2010; Deng and O'Brien 2016, 2017; Brunt and Fidalgo 2018; Goldstone 2019; Van Zanden and Ma 2017).

이만큼 거창하지는 않지만, 실질 임금 관련 데이터에 기초하여 분기 분석에 집중하기 위한 통계적 틀과 시간순에 따른 기본 서술을 구축하려는 목적의 역사 연구 프로그램도 진행되었다(Broadberry and Gupta 2006). 이것들 역시 시행착오를 통해 수치를 수정해 가며 숙고하고 논의를 이어갈 만하다. 하지만 애석하게도 이런 연구들에도 개념적 측면에서 결함이 있으며 통계적인 면에서 제국 말기 중국과의 비교에 유효하지 않다(Allen et al. 2005, 2011; Deng and O'Brien 2015, 2016; Hatcher and Stephenson 2018).

　도시 건축업에 고용된 숙련 노동자 및 미숙련 노동자가 받은 실질 일급률의 추이를 기록한 자료들이 유럽 내의 비교를 위해서는 인정할 만한 대체 근거로서 활용될 수 있고, 선진 서구 경제 전체에 걸쳐 상대적 생활 수준의 타당성 있는 추정을 제시할 수 있다. 하지만 불행히도 (중국과의 비교를 포함시켜 프로젝트를 진행한 연구팀이 솔직하게 인정했듯이) 중국의 통상 임금률을 구하는 데 필요한 데이터는 중국의 노동력 전체에 해당한다고 여길 수 있을 만큼 대표적인 표본으로 인정하기에 충분한 규모로 모으기가 힘들었다(Allen et al. 2005, 2011; Deng and O'Brien 2016). 현재 공개적으로 발표된 임금률과 관련한 통계는 대부분 국가가 정한 기준에 따라 지불된 임금에 해당하며, 흔히 행해진 중요한 현물 지급의 가치 산정분을 담고 있지 않다. 또이 통계는 주로 은 몇 냥(兩)으로 표현되어 있는데, 냥[11]이라는 계산화폐 단위와 교환되는 웬(文)[12] −임금에 의존하는 가족이 자신들이 소비하는 상품과 서비스를 구입하기 위해 사용한 통화− 의 양은 지역마다 천차만별이었다(Kuroda 2013). 제국 말기 중국의 숙련 노동자와 미숙련 노동자들이 받은 일급률을 가리키는 기록들은 서유럽에 대해 얻은 외견상 비교 가능한 역사적 증거와 동일한 기준에서 놓고 견줄 수가 없는 것이다. 서유럽에서는 자신의 생활 수준을 임금 노동에 의존하는 노동력의 비중이 중국보다 훨씬 높았고, 현물 지급이 중국만큼 흔치 않았으며, 임금률의 기록이 통상 지역 시장에서 노동자와 그 가족이 매일 이용하는 통화에 해당했지만, 중국은

11　tael: 근대 이전 중국의 화폐 단위로서 은의 경우 3분의 1 온스에 해당했다.
12　19세기 말 위안(元)이 도입되기까지 제국 시기 중국에서 사용된 통화단위.

그렇지 않았기 때문이다. 유럽의 노동자들은 경작지로의 접근 방법을 박탈당했고 친족에 기초한 가계 및 생산망 속에서 일할 기회로부터 분리되었다. 중국 (혹은 인도도 그럴 수 있다) 기록에서 끌어낼 수 있는 의미와 추론이 비교 가능한 것으로 확정되지 않는 한 그리고 그렇게 될 때까지는, 그런 기록들은 이를테면 1850년 이전 제국 말기 중국과 인도의 임금 의존 가족들에 영향을 주는 상대적 생활 수준의 타당성 있는 지표 구축을 위한 증거로서 인정하기에는 여전히 너무나도 모호하다. 심지어 유럽의 경우에도 서유럽 외에 다른 지역 대부분을 이런 기록에 근거해 생활 수준 면에서 비교하려면, 마찬가지 어려움에 처할 것이다(Deng and O'Brien 2015; Hatcher and Stephenson 2018).

우리가 해야 할 과제는 유럽의 데이터와 얼마간 동일한 기준에서 견줄 수 있는 중국 관련 데이터를 구하는 것이 아니다. 오히려 우리의 과제는 대분기 이전과 그 사이 그리고 그 이후에 유럽 경제와 중국 경제가 자기 주민의 물질적 복지를 얼마나 잘 제공할 수 있었는지를 바로 보여주는 대체 근거라고 주장할 수 있을 생활 수준과 복지 수준을 측정할 수 있는 사회 집단들에 초점을 맞추는 것이다(Allen et al. 2005; Deng and O'Brien 2015).

시간순에 따른 분기 과정의 역사서술을 확정하는 데 도움을 줄 수 있는 대체 근거를 얻는 유일한 방법은, 아마도 17세기 무렵에는 두 곳의 노동력 상태가 얼마간 동일한 기준에서 견줄 정도는 되어 있었다는 명백한 사실을 받아들이는 것이리라(Rawski and Li 1992). 심지어 중국에서 가장 선진적이고 번성하는 지역에서도 대다수 중국인 노동자는 토지에 대한 접근 방법을 유지했고, 가계가 지배하는 제도적 틀이나 친족에 기초한 생산 단위 내에서 식량과 유기 원료, 제조업 상품을 생산했다(Perkins 1969; So 2013). 서유럽의 경우에는 가장 선진적으로 도시 발전을 이루고 번성하던 지역의 상황이 이렇지 않았다(Brenner and Isett 2002). 따라서 외견상 중요한 이런 대비에서 얻은 결과에 기초해 분기의 시기를 정하고자 한다면, 의미 있는 성과를 낳을 가능성을 가진 한 가지 방법은 (수십 년 전에 마크 엘빈이 인정했듯이) 농업 생산과 공업 생산을 병행하여 수행하던 중국 소농 가구의 수입을 도시에 소재하는 공업 및 서비스업에 고용되어 얻는 임금에 의존한 유럽 가족들의 실질 소득과 비교하는 것일 터이다. 하지만 이런 방법 수행의 유효성이 1750년경 중국의 기준 경작지 면적이 7.5무(畝)[13]였는지 아니면 10.5무였는지에 달려 있기 때문에, 난제를 피하려고 마련된 이런 방법조차도 가능하지 않을 수도 있다. 양쯔강 하구 델타 지역의 경작지 규모에 대한 공식 통계를 둘러싸고 포메란츠와 그의 비판자들이 벌인 갑론을박이 최근 간행되어 이를 잘 보여주고 있다. 만약 10.5무가 유효한 것이었다고 한다면, 그것은 중국 경제의 규모와 관리, 제도, 문화가 역사적으로 경로 의존적 궤적을 따라 발전하여 서구와의 분기에 이르렀다는 캘리포니아 학파의 핵심 가설을 통계에 기초하여 강력하게 뒷받침하게 될 것이다(Deng and O'Brien 2015).

이런 핵심 가설을 통계에 기초하여 검증할 수 없다는 것은 확실히 유감스러운 일이다. 그럼에도 대분기 논쟁의 양쪽 학자들 모두는, 능력에 입각해 선출된 관료가 합리적으로 운영한 중국의 중앙집중적인 제국이 대규모 인구를 가진 방대하고 다채로운 (그리고 지역적으로 약간의 자치를 수행하던) 영토를 경제적·사회적으로 관리하기 위해 필요한 믿을 만한 여러 통계를 측정하여 모았다는 가정을 지지한다. 이런 가정은 이전 세대의 중국사 연구자들이 갖고 있지 않던 것이다(Naquin and Rawski 1987; Feurwerker 1995; Leonard and Watt 1992). 게다가 중국 연구자들은 청대 이전 여러 왕조의 기록들이 공식 사서(史書)[14]를 한문 – 중국사 연구자들 사이에서도 전문적 해독 능력을

---

13 중국의 전통적인 면적 단위로서 지역과 시대마다 실제 크기는 다양했다. 예컨대 1915년 공식적으로 정해진 1무의 크기는 614.4 평방미터였지만, 1930년에는 666과 3분의 2 평방미터였다.

14 사마천의 『사기(史記)』부터 청대에 기록된 『명사(明史)』까지 중국 역대 왕조의 역사를 후대 왕조가 공식적으로 기록한 역사서로, '24사'라고 부른다. 여기에 중화민국 시기에 기록된 『신원사(新元史)』와 『청사고(淸史稿)』까지 해서 '26사'라고 부르기도 한다.

갖춘 이가 많지 않은 언어- 으로 작성한 이후 파기되었음을 잘 알고 있다 (Dunston 1996; Deng 2012; Shi 2018).

따라서 대분기 논쟁 과정에서 명·청대 경제사를 쿠즈네츠 방식으로 분석하기 위해 활용한 일차 자료에 주었던 신뢰성은 대체로 근거가 없다. 논쟁의 양 당사자 모두가, 얼마나 더 타당성 있는 통계 자료를 모으는가에 좌우되는 패러다임을 부적절하게 활용하는 오류를 범한 것이다(Brandt and Rawski 2008; Rowe 2009).

뛰어난 중국 연구자인 리처드 폰 글란(Richard Von Glahn)은 얼마 전 이렇게 말한 적이 있다. "최근 계량사 연구와 분석이 중국 문헌에서 모은 파편화된 역사적 데이터에 기초해서 이루어지는 경우가 흔하다. 여기서 발생하는 한 가지 큰 문제는 유럽 학자들에게는 중국 경제사에 대한 지식과 이론적 구조가 모두 없고, 따라서 그들에게는 자신이 이용하는 수량적 데이터의 질을 평가할 능력이 없다는 점이다"(2019년 5월 베이징대학에서 리처드 폰 글란이 한 강연, 켄트 등의 번역을 따름).

| 참고문헌 |

Allen, R.C., Bengtsson, T., & Dribe, M. (2005), *Living standards in the past. New perspectives on well-being in Asia and Europe*, Oxford: Oxford Univ. Presss.

Allen, R.C., Bassino, J.-P., Ma, D., Moll-Murata, Ch. & Van Zanden, J.-L. (2011), "Wages, prices and living standards in China, 1738-1925: in comparison with Europe, Japan and India", *Economic History Review* 64 (s1), 8-38.

Bateman, V.N. (2012), *Markets and growth in early modern Europe*, London: Pickering & Chatto.

Baumol, W.J., Nelson, R.R., & Wolff, E.N. (eds.) (1994), *Convergence of productivity: Cross national studies and historical evidence*, Oxford: Oxford Univ. Press.

Bolt, J., Inklaar, R., de Jong, H., & Van Zanden, J.-L. (2018), "Rebasing Maddison: New income comparisons and the shape of long-run economic development", GGDC Research Memorandum no. 174, Gröningen Growth and Development Center.

Brandt, L., & Rawski, T. (eds.) (2008), *China's great economic transformation*, Cambridge: Cambridge Univ. Press.

Brenner, R., & Isett, C. (2002), "England's divergence from China's Yangtze delta: Property relations, microeconomics and patterns of development", *Journal of Asian Studies* 61 (2), 609-662.

Broadberry, S., & Gupta, B. (2006), "The early modern great divergence: Wages, prices and economic development in Europe and Asia, 1500-1800", *Economic History Review* 59 (1), 2-31.

Broadberry, S., & O'Rourke, K. (2010), *The Cambridge economic history of modern Europe*, Vol. 1: *1700-1800*, Cambridge: Cambridge Univ. Press.

Broadberry, S., Guan H., & Li, D.D. (2018), "China, Europe and the great divergence: A study in historical national accounting", *Journal of Economic History* 78 (4), 955-1000.

Brunt, L., & Fidalgo, A. (2018), "Why international Geary-Khamis

Dollars cannot be a foundation for reliable long run comparisons on GDP", Discussion paper, Norwegian School of Economics.

Canadian Journal of Sociology (2004), 29.

Canadian Journal of Sociology (2008), 33 (1). Comment/Commentaire on "Ride of the west and Great Divergence".

Daly, J. (2015), *Historians debate: The rise of the West*, Abingdon: Routledge.

Deaton, A., & Heston, A. (2010), "Understanding purchasing power parities and purchasing power parity-based national accounts", *American Economic Journal: Macroeconomics* 2 (4), 1–35.

de Jong, H., & van Ark, B. (2012), "The comparison of GDP levels in the use of PPPs in the Maddison database", Working Paper, Gröningen Growth and Development Center.

Deng, K. (2012), *China's political economy in Modern Times: Changes and economic consequences 1800–2000*, Abingdon: Routledge.

Deng, K., & O'Brien P. (2015), "Nutritional standards of living in England and the Yangtze Delta Area circa 1644–circa 1840", *Journal of World History* 26 (2), 233–267.

Deng, K., & O'Brien P. (2016), "Establishing statistical foundations of a chronology for the great divergence: A survey and critique of relative wage levels for Ming–Qing China", *Economic History Review* 69 (4), 1057–1082.

Deng, K., & O'Brien P. (2017), "How far back in time might macro-economic factors travel? The debate on the great divergence between imperial China and the west", *World Economics* 18 (2).

Deng, K., & O'Brien P. (2018), "The tyranny of numbers: Are there acceptable data for nominal and real wages for pre-modern China?", in J. Hatcher & J. Stephenson (eds.), *Seven centuries of unreal wages: The unreliable data, sources and methods that have been used for measuring standards of living in the past*, Cham: Palgrave Macmillan.

Dunston, H. (1996), *Conflicting counsels to confuse the age: A documentary history of the political economy of Qing China 1644–1840*, Ann Arbor: Univ. of Michigan Press.

Economic History Review (2011) 64 (s1), "Asia in the great divergence".

Feurwerker, A. (1973), "Questions about China's early modern history that I wish I could answer", *Journal of Asian Studies* 51 (4), 757-769.

Feurwerker, A. (1995), *Studies in the economics of late imperial China*, Ann Arbor: Univ. of Michigan Press.

Floud, R. et al. (eds.) (1981, 1994, 2004, 2014), *The Cambridge economic history of modern Britain*, vol. 1, Cambridge: Cambridge Univ. Press.

Fogel, R.W., Fogel, E.M., Guglielmo, M., & Grotte, N. (2013), *Political arithmetic: Simon Kuznets and the empirical tradition in economics*, Chicago: Univ. of Chicago Press.

Goldstone, J. (2002), "Efflorescences and economic growth in world history: Rethinking 'the rise of the west' and the industrial revolution", *Journal of World History* 13 (2), 323-389.

Goldstone, J. (2008), *Why Europe? The rise of the west in world history 1500-1850*, New York: McGrow-Hill.

Goldstone, J. (2019), "Data and dating the great divergence", in T. Roy & G. Riello (eds.), *Global economic history*, London: Bloomsbury Academic, 38-53.

Goody, J. (2010), *The Eurasian Miracle*, Cambridge: Polity Press.

Gregory, J.S. (2003), *The west and China since 1500*, Houndmills: Palgrave Macmillan.

Hatcher, J., & Stephenson, J. (eds.) (2018), *Seven centuries of unreal wages: The unreliable data, sources and methods that have been used for measuring standards of living in the past*, Cham: Palgrave Macmillan.

Hobson, J. (2004), *The eastern origins of western civilization*, Cambridge: Cambridge Univ. Press.

Howell, M. (2010), *Commerce before capitalism in Europe, 1300-1600*, Cambridge: Cambridge Univ. Press.

Jones, E. (1987), *The European miracle. Environments, economies and geopolitics in the history of Europe and Asia*, Cambridge: Cambridge Univ. Press.

Kuroda, A. (2013), "What was the silver tael system? A mistake of China as a silver standard country", in G. Depeyrot (ed.), *Three* conferences on international monetary history, Wetteron: Moneta.

Kuznets, S. (1966), *Modern economic growth: Rate, structure and spread*, New Haven: Yale Univ. Press.

Kuznets, S. (1971), *The economic growth of nations*, Cambridge, Mass.: Harvard Univ. Press.

Lebow, R.N., Tetlock, P., & Parker, G. (eds.) (2006), *Unmaking of the west: "What—if?" scenarios that rewrite world history*, Ann Arbor: Univ. of Michigan Press.

Leonard, J., & Watt, J. (eds.) (1992), *To achieve security and wealth: The Qing Imperial Sate and the economy 1644—1912*, Ithaca: Cornell Univ. Press.

Lieberman, V. (2009), *Strange parallels: South—East Asia in global context, c. 800—1830*, Vol. II, *Mainland Mirrors: Europe, Japan, China, South Asia and the islands*, Cambridge, Mass.: Harvard Univ. Press.

Li, B., & Van Zanden, J.—L. (2012), "Before the great divergence? Comparing the Yangtze Delta at the beginning of the nineteenth century", *Journal of Economic History* 72 (4), 956—989.

Macfarlane, A. (2014), *The invention of the modern world*, Les Brouzils: Fortnightly Press.

Maddison, A. (2007), *Chinese economic performance in the long run, 960—2030 AD* (2nd ed.), Paris: OECD Publications.

Marks, S. (2016), *The Information Nexus: Global capitalism from the renaissance to the present*, Cambridge: Cambridge Univ. Press.

Naquin, S., & Rawski, E. (1987), *Chinese society in the eighteenth century*, New Haven: Yale Univ. Press.

Parthasarathi, P. (2011), *Why Europe grew rich and Asia did not: Global economic divergence, 1600—1850*, Cambridge: Cambridge Univ. Press.

Perkins, D. (1969), *Agricultural development in China 1368—1968*, Chicago: Aldine Publishing Company.

Perrson, K. (2010), *An economic history of Europe: Knowledge, institutions and growth, 600 to the present*, Cambridge: Cambridge Univ. Press.

Pomeranz, K. (2000), *The great divergence: China, Europe and the making of the modern world economy*, Princeton: Princeton Univ. Press.

Rawski, T., & Li, L. (eds.) (1992), *Chinese history in economic perspective*, Berkeley: Univ. of California Press.

Ringmar, E. (2007), *Why Europe was first? Social and economic growth in Europe and East Asia, 1500−1850*, New York: Anthem Press.

Rowe, W. (2009), *China's last empire: The great Qing*, Cambridge, Mass.: The Belknap Press of Harvard Univ. Press.

Roy, T., & Riello, G. (eds.) (2019), *Global economic history*, London: Bloomsbury Academic.

Shi, Z. (2018), *Agricultural development in Qing China: A quantitative study, 1661−1911*, Leiden: Brill.

So, B.L. (ed.) (2013), *The economy of the lower Yangzi Delta in late imperial China: Connecting money, markets, and institutions*, London: Routledge.

Stiglitz, J.E., Anand, S., & Segal, P. (eds.) (2010), *Debates in the measurement of poverty*, Oxford: Oxford Univ. Press.

Vanhaute, E. (ed.) (2015), "Escaping the great divergence? A discussion about and in response to Peer Vries's *Escaping poverty. The origins of modern economic growth*", *The Low Countries Journal of Social and Economic History* [TSEG] 12 (2).

Van Zanden, J._L., & Ma, D. (2017), "What makes Maddison right? Chinese historic economic data", *World Economics* 18 (2).

Von Glahn, R. (2016), *The economic history of China from antiquity to the nineteenth century*, Cambridge: Cambridge Univ. Press.

Vries, P. (2015), *State, economy and the great divergence: Great Britain and China 1680s−1850s*, London: Bloomsbury.

Wood, E. (2002), *The origins of capitalism − A longer view*, New York: Verso.

Chapter 3

환경과 자연자원

| 요약 |

이 장에서는 두 가지 테제를 정리하여 제시한다. 이 테제들은 4장과 5장, 6장에서 더 상세하게 분석될 것이다. 제국 시기 중국이 가졌던 세계에서 가장 성공적인 유기적 경제라는 지위는 오래전부터 확립되었던 것으로 중국의 생태·환경적 다양성이라는 이점에 기초했다. 시간이 가면서 이런 이점이 줄어들었기 때문에 유럽에 대비한 중국의 분기가 일어나서 지속되기 시작했다. 환경에 기초해 역사를 연구하는 학자들(엘빈, 마크스, 포메란츠 등)은, 중국이 가진 기본적인 지리적 실상과 중국이 자신의 생산 가능성을 한계로까지 끌어올리는 광범위한 발전의 오랜 역사를 가졌다는 점에 중국의 국가·문화·제도에 대한 유럽 중심적인 비판이 인정하는 것보다 더 큰 중요성과 의미를 부여해야 한다고 계속 주장해왔고, 이런 그들의 주장은 온당한 것이다. 제국 시기 중국에서는 환경적, 정치적, 지정학적 변수들이 주민들의 생활 수준을 높은 상태로 유지할 수 있게 작동한 조건들을 확립했고, 이는 내부에 잠재하고 있던 맬서스적 힘들이 환경 악화 및 주요 정치적 국면과 결합하여 농업에 중심을 둔 양질의 평형상태를 교란시킬 때까지 계속되었다. 그러는 사이에 중국에 뒤처졌지만 그것으로 수렴되고 있던 서유럽 경제는 발트해 및 러시아와의 해상 무역을 통해 산업적 시장 경제로의 초기 이행에 필요했던 물자들, 즉 곡물과 어류, 목재, 철, 역청, 타르, 아마, 삼 등의 유기적 산물들을 공급받았다. 유럽은 또한 석탄이라는 값싸게 수송 가능한 에너지 연료를 소유했고 중국에 앞서 방대한 석탄 매장지를 개발하기 시작했다. 마지막으로 유럽인들은 아메리카 대륙에서 마음껏 활용할 수 있는 비옥한 땅과 목재, 연료, 임산물, 광물, 지금을 발견했고, 그로부터 유럽인들이 서서히 끌어낸 경제적 이익은 실로 엄청났다. 거기에 젊고 건강하지만 제대로 된 일자리가 없던 유럽의 성인 숙련 노동력이 '신세계'로 이주하는 흐름이 일어나고, 더욱 중요한 것으로, 백인 이주자가 살기 힘든 기후대에 위치한 플랜테이션과 광산에서 일을 시키기 위해 수백만 명의 아프리카인을 노예로 잡아 아메리카로 강제 이동시킴으로써 "보조적인 수혜(bounty)"를 입었다. 이 두 가지 테제는, 명말과 청대의 중국에서는 근대 초기 서유럽이 (예기치 않게) 입수할 수 있었던 다량의 자원에 비견할 만한 것을 전혀 얻을 수가 없었다는 시각을 뒷받침한다. 만주족이 세운 청이라는 체제는 중국 역사에서 경제가 인구 압력의 격화에 직면하고 아울러 내부 질서와 대외 안정에 새롭고도 이전보다 더 심각한 도전이 제기되던 시기에 제국을 넘겨받았던 것이다.

| 주제어 |

경작지와 목초지, 농작물 재배지, 자연 자원, 환경적 고갈과 악화, 유기적/농본주의 경제, 관개, 맬서스적/리카도적 압력, 내부 질서, 대외 안정

현재 대분기 논쟁의 방향은 데이터를 둘러싼 논쟁을 계속 벌여서 우위를 차지할 가능성이 그다지 없다는 점을 고려하여, 다른 무엇보다도 환경

에 기초해 역사를 연구하는 학자들이 우선시하던 테제들을 다루는 쪽으로 현저하게 이동했다(Deng and O'Brien 2017). 환경에 중심을 둔 역사 연구자들은, 중국이 (주로 생태·환경적 다양성의 이점에 기초해) 오랫동안 가졌던 세계에서 가장 성공적인 유기적 경제라는 지위가 쇠퇴하기 시작하던 시기에 근대 초기 유럽은 미개발 상태의 화석 원료라는 자원과 아울러 자연 자원에 대한 접근성 증대로부터 이익을 보기 시작했다고 계속 주장해왔다. 그들은 이런 지리역사적 사실관계에 중국의 국가와 문화, 제도에 대한 전통적인 유럽 중심적 비판이 인정하는 것(Brenner and Isett 2002)보다 더 큰 중요성과 의미를 부여해야 한다고 주장한다.

실제로 논쟁이 처한 현 상황에서 그 핵심에 있는 주장과 반론들을 정리하면, 서구의 흥기와 중국의 지체를 환경적 측면에서 해석하는 역사가들과 모호한 통계의 동원을 고집하는 경제학자 및 다른 사회과학자들로 구분할 수 있다. 이 후자의 학자들은 명말과 특히 청대 중국의 경제적, 정치적, 제도적, 문화적 결함이란 것을 측정할 수 없는데도 그 결함들을 가리킨다고 생각하는 모호한 통계들을 계속 들이대고 있다(Dixin and Chengming 2000). 게다가 포메란츠와 퍼듀(Perdue), 마크스(Marks) 등의 여러 중국 전문가들이 제기하는 반박하기 힘든 뛰어난 주장들은, 산업화 이전 시기 유럽이 중국을 따라잡거나 그에 수렴되는 단계에서 미개발 자연 자원이 가진 중요성을 회피하거나 최소화하려는 주장에 계속 타격을 가하고 있다(Perdue 1982; Pomeranz 2000; Marks 2012). 우선 인정할 수 있는 것은, 대(對)발트해 및 러시아 해상무역이 중국에 뒤처졌지만 그에 수렴되고 있던 서유럽 경제에 곡물과 어류, 목재, 철, 역청(瀝靑), 타르, 아마, 삼 등 여러 유기적 투입물의 탄력적인 공급을 제공했다는 점이다. 이것은 서유럽의 산업적인 도시 시장경제로의 초기 이행에 꼭 필요한 것이었다(Grigg 1980; Kander et al. 2013).

다음으로, 유럽은 실제로 값싸게 수송 가능한 석탄의 방대한 매장지로 상징되는 연료 및 에너지를 소유했고 그것을 중국에 앞서 집중적으로 개발하기 시작했으며, 이 점 역시 인정할 수 있다. 그런 에너지의 비축에 힘입어, 유럽 경제는 수백 만 헥타르의 산림을 목초지와 경작지로 전환시킬 수 있었고 그럼으로써 가속화하는 인구 성장률과 도시화로 인해 발생한 잠재적인 맬서스적 압력을 완화시킬 수 있었다(Malamina 2009; Campbell and Overton 2010; Barbier 2011). 마지막으로 유럽은 아메리카 대륙에서 개발을 기다리는 방대한 양의 경작지와 목재, 연료, 임산물, 광물 및 지금을 발견했고 그로부터 실로 엄청난 경제적 이익을 서서히 끌어내었다(Jones 1987). 하지만 그런 추가적인 수혜는 젊고 미취업 상태에 있던 유럽 성인 남성 노동력을 풍부한 자연 자원을 가진 '신세계'에 풀어놓고 이주시킴으로써 몇 배 이상으로 늘어나서 실현되었다. 여기에 수백 만 명의 아프리카인 노예들을 유럽의 배에 태워 대서양 너머로 강제로 운반하여 엄청난 수익을 올린 사실도 있다. 이 점이 유럽이 아메리카 대륙에서 거둔 추가적인 수혜에 분명 더욱 중요했을 텐데, 이 노동력의 운반은 백인 이주자들이 살기 힘든 기후 조건 하에 있던 아메리카 대륙 열대 지역의 플랜테이션과 광산에서 일을 시키기 위한 것이었기 때문이다(Hobson 2004; Broadberry and O'Rourke 2010).

확실히, 유럽 역내 무역 및 대서양횡단 무역의 이런 역사는 널리 알려져 있고, 이런 역사를 보면 명·청대 중국에는 근대 초기 유럽이 우연히도 확보할 수 있었던 다양하고 방대한 자원과 유사한 것에 접근할 방도가 전혀 없었다는 시각이 힘을 얻게 된다. 중국사의 입장에서 볼 때 이 국면은 중국 제국이 인구 압력의 격화와 생태·환경적 악화만이 아니라 내부 질서 및 대외 안정에 대한 새로운 잠재적 위협에 직면하고 있던 시기로, 이런 것들은 1368년 몽고인의 왕조(元)가 한족의 왕조(明)로 교체된 이래 제국이 한 번도 겪은 적이 없던 것이었다(Fairbank 1978). 비록 당시 중국에서는 환경적·정치적 측면에서 제국의 생산성 및 생활 수준에 대해 가해진 이런 해로운 위협들을 억제할 수 있었지만, 하나의 경제가 있고 그 경제 속에서 살아가는 주민이 자기 경계 내에 있는 자연 자원을 고갈시키고 그 가치를 떨어뜨리는 것은 언제나 그랬듯이 정상적인 일이다. 역사적으로 볼 때 그런 일이 어느 정도로 발생하는가는 다음과 같은 요소들에 달려있었다. 전체 인구 규모와 인구 성장률, 알려진 자원(특히 경작지)을 안전하게 이용할 수 있는 정치적 경계의 확장(그리고 방어) 가능성, 시간의 경과에 따라 경지 단위별로 산출되는 유용한 소비재 산물을 늘리고 그 질을 높일 수 있는 지식 및 자본의 축적, 전체 유기적 경제에 속한 주민을 지탱하는 데 활용 가능한 물의 양과 무상일수(無霜日數)[1] 그리고 유용한 다른 자연 자원의 양이 그런 것들이다(Pomeranz 1993; Sierferle and Breuninger 2003; Acemoglu and Robinson 2012; Deng 2015).

불행히도 역사지리학자들과 최근에는 (글로벌적 시야를 가진) 현대 환경사가들의 매우 전문적인 식견을 수량화해서 보여줄 수 있는 방법은 전혀 없다. 하지만 그들은, 중국의 주민들이 아마도 여러 세기 동안 다른 곳보다 우월하고 더 다양한 자연 자원(기름진 경지, 광물, 내륙 수로, 비옥한 삼각주, 그 외 생태학적으로 다양한 여러 지대들)에 대한 활용 방법을 유지했을 것이라는 시각을 제시하고 있다. 중국이 가진 그런 우월하고 다양한 자연 자원은 서유럽의 주민과 사회 대부분이 접하고 있던 자원 및 생태·환경적 조건에 비해 방대하고 다채로운 식량 작물 및 원료의 경작에 유리했다는 것이다(Gernet 1982; Malamina 2009; Van Zanden 2009; Marks 2012).

수천 년에 걸친 중국의 다채로운 농업사를 몇 개의 단락으로 요약하는 것은 유럽과 중국 간의 분기에 대한 이런 전통적인 인식을 지나치게 단순화하는 것이리라. 그러나 그것은 분석적인 대비를 가능케 하여, 제국 시기 중국의 농업사에서 인구 성장으로부터 발생한 압력이 환경 악화 및 정치적 분란과 연동되어 격화됨으로써 중국이 앞서 이룬 성공적인 발전의 지속에

---

[1] frost free days: 일년 중 서리가 내리지 않는 날의 수.

토대 역할을 한 것이 심각하고 불가역적으로 침식되기 시작한 국면에 일차적인 중요성을 부여할 수 있게 한다(Elvin 1996, 2004).

명이 등장하기 이전, 그리고 수천 년에 걸쳐 중국 제국의 경작지와 목초지는 엄청나게 확장되어 점점 더 다양한 작물을 경작하고 가축을 길러내었다. 이런 토지에는 얼마간 강우(降雨)를 통해 물을 대었지만, 주로 인위적인 운하와 수로, 우물, 논의 방대한 네트워크 속에서 형성된 자본을 투여하여 만든 관개 시설로 강과 하천, 호수에서 물을 끌어왔다(Bray 1986; Deng 1993; Goody 2010).

중국의 농민이 생산한 작물에는 식량 작물과 원료가 뒤섞여있었는데, 그것은 쌀과 밀 등 여러 주식 곡물에서 차, 설탕, 과일, 향신료, 약초까지 다채로웠고, 목재와 모시, 아마, 면화, 그리고 잘 알려져 있듯이, 생사(生絲)도 포함되었다(Mazumdar 1998). 거기에 중국이 가진 땅과 기후의 풍부한 다양성, 고도간 격차, 풍부한 수로를 이용하여 지역에 따른 생산의 분화가 일어났다(Huang 1990). 각 성과 도시, 마을을 중국 역내 교역 수준으로 점점 더 통합하기 위해 하천 수로의 확대와 준설, 방향 전환을 꾀하고 운하를 건설하며 도로를 유지함으로써 교역의 가능성을 넓히고 지속시켰다 – 이에 추가하여 양적인 면에서 상대적으로 소규모였지만 해양 무역도 지속되었다(Deng 1999).

농경 지식은 영농을 통한 관찰과 학습에 기초하여 시간이 가면서 개선되었다. 제국 전체가 공용어를 사용하고 아울러 인쇄술이라는 의사소통 형태가 일찍이 발달한 덕분에 최상의 농사 기법과 생태학적으로 생육 가능한 작물이 제국 내 전 지역으로 확산되었다(Huang 1985; Deng 1993). 육상 운송의 비용이 여전히 많이 들던 시기에도 중국의 시장들은 여러 수로를 통해 원활하게 연결되었고 장거리 및 단거리 교역을 발달시켰다. 그와 함께 한 지역에서 농사를 지어 얻은 유용한 지식이 다른 곳으로 널리 쉽게 퍼졌던 것으로 보인다(Elvin 1973; Gates 1996).

여러 세기 동안 중국 제국은 세계에서 선도적인 유기적 경제라는 우월적 지위를 차지했을 것이다. 그 경제는 상대적으로 높은 수준의 역내 지역 간 무역을 품고 있었고, 자연 자원을 그린 풍부한 화첩(畫帖)류로 표현된 잠재력을 활용하는 데 필요한 혁신을 찬란히 꽃피우고 있었다(Adshead 1995; Barbier 2011).

이어서 1368-1644년의 명대 시기 대부분 동안에는 자연 자원의 고갈이 격화되고 가치가 하락하면서 여기서 얻는 수익이 감소했다. 그리고 이런 수익 감소는 예상대로 인구 성장의 가속화와 함께 발생하여 생활 수준의 정체나 하락 가능성으로 이어지는 조건을 창출할 만큼 심화 확산되었다고 한다. 하지만 이런 맬서스적 전망도 실제로는 여러 가지 이유로 억제되었다(Twitchett and Mote 1998; Rawski and Li 1992; Lee and Wang 1999; *European Review of Economic History* 2008).

첫째, 불리한 기후 변동과 간간이 발생하는 유목민과의 전쟁으로 인해 17세기 후반까지 사망률이 높은 수준으로 유지되었다. 둘째, 토지를 상실할 가능성을 가진 가구들도 전통적인 넓은 경계 지역 너머에서 토지와 물, 그 외 여러 자원을 활용하여 토지를 계속 개간할 수 있었다. 셋째, 제국 역내 무역의 뒷받침을 통해 지식이 확산되어 새로운 작물과 농법이 도입되었으며, 생태·환경적으로 그다지 유리하지 않은 곳에서도 농업 생산이 자리를 잡게 되었다(Brook 1998; Brandt and Rawski 2008). 무엇보다도 중국의 농사는 주식 곡물, 즉 쌀의 경작에 집중했는데, 이것은 단위당 칼로리 산출량이 유럽인들의 주식이었던 밀과 다른 곡물보다 훨씬 더 높은 곡물이었다(Bray et al. 2015; Shi 2018).

중국 제국의 이런 생태·환경적 특징이 성격상 압도적으로 농업적이었던 경제에 기초를 제공했고, 그 경제는 한족 지배체제가 다소간 효율적으로 제공했던 내부 질서와 대외 안정의 지지와 그를 위한 통치라는 틀 내에서 작동했다. 이 한족 지배체제가 농업 경제의 일상적인 작동에 개입하거나 장래 농업 및 산업 진보를 위해 필요한 사회기반시설에 투자할 자본을 모을 수 있는 역량이나 권한은 제한적이었다(Scott 2008). 예컨대 명은 통치 영토 확장을 목적으로 가끔씩 이루어진 침략 시도를 제외하면, 조세로부터 얻을 수 있던 한정된 세수를 주민들이 홍수나 기근 같은 자연 재해로부터 받는 고통을 덜어주는 것과 잉여 인구를 미개간 처녀지로 이주시켜 정착시키는 데에 집중시켰다(Will 1990; Wong 1997). 중국의 황제들은 유교 윤리를 공부한 소규모 관리들을 (제국 전역에 걸쳐 시행된 과거 시험에서 펼친) 실력에 입각해 충원했는데, 그 목적은 제국 통치를 효과적으로 수행하는 데 있었다기보다는 자신의 통치권을 표현하는 데 있었다. 이 관리들은 지역에서 발생한 분쟁의 사법적 처리를 감독하고, 멀리 떨어진 중앙 정부가 요구하는 세금 징수의 원활한 수행을 관리했다(Elman, 2000). 하지만 중앙 정부의 관할 하에 있던 세입에서 단연 가장 큰 비중은 중국 서부 및 북부 경계를 따라 자리한 요새('만리장성')의 건설과 그곳에 주둔한 수비대의 지원에 할애되었다. 이는 유목민 부족이 행하는 약탈 목적의 습격이라는 일상적인 위협으로부터 제국 영토와 재산, 주민을 보호하기 위한 것이었다. 특히 1279년과 1368년 사이에 몽고족이 송을 정복하여 자신의 제국을 세운 일도 있었기에 이런 종류의 훨씬 더 심각한 침략이 발생하지 않도록 항상 경계를 유지해야 했다(Brook 2010; Vries 2015).

한족의 인구 규모와 경제를 크게 축소시켰던 그런 파괴적인 이민족의 정복은 명나라가 추구한 수세적인 지정학적 정책들에 지속적인 영향을 끼쳤다. 정착 가능하고 안전하게 농사를 지을 수 있는 제국 국경의 경작지 주위에는 사실상 언제나 군사적으로 강력한 유목민 부족이 존재했다. 그럼에도 중국의 농부들은 환경 및 지정학적 측면에서 감당 가능한 한계 내에서 토지와 수로, 여러 생태적 조건을 활용하여 생계에 필요한 작물을 적절하게 섞어 생산하고 그에 더해 생산의 특화도 이루어 생산물을 교역함으로써 경제를 발전시켰다. 이러한 것이 늘어나는 인구와 중국의 상대적으로 작은 재정 기반을 뒷받침했다. 약 270년 동안 그런 전략이 대외 안정과 내부 질서 유지에 충분한 세수를 발생시켰고, 아울러 이에 힘입어 한족 지배 체제는 아마도 제국으로서의 중국 역사에서 가장 혹독한 외부 충격이었을 유명한 몽고의 정복에서 회복하던 인구와 농업 경제에 조세를 부과할 수 있었던 것이다(Deng 1999; Brook 2005).

이런 환경적·지정학적 매개변수들이 중국 관료집단의 처신과 가부장적 가족 사회에 행사하던 유교 윤리 및 정치철학의 대단한 힘과 결합하여, 명의 통치 하에서 사회적 복지와 함께 인구 회복과 경제 성장의 추이 및 주기가 전개되는 조건을 확립했다. 이렇게 형성되었던 평형상태가 명나라 내에서 일하며 살던 수백만 중국인 가구에게 평화와 안정, 상대적으로 높은 생활 수준을 제공했던 것이다. 하지만 그 이후부터 잠재적인 맬서스적 힘들과 환경 악화 및 주요 정치적·지정학적 국면이 결합하여, 그 평형상태를 뒤흔들기 시작했다(Hayami and Tsubouchi 1990; Huang 1990; Brook 2005).

비록 생태·환경적 제약이 가진 상대적 "중요성"을 측정하기가 GDP나 실질 임금을 측정하는 것보다 여전히 훨씬 더 어렵지만, 포메란츠와 로버츠 마크스, 그리고 캘리포니아 학파는 근대 초기에 중국 제국과 아울러 서유럽 경제가 마주쳤던 환경적 제약을 대분기에 대한 분석적 설명의 중심에 두었다. 중국 연구자로서 (하지만 그들은 중국 경제사만이 아니라 유럽 경제사도 이해하고 비교할 수 있는 언어적 역량과 전문 지식, 전공 학위도 갖추었다) 그들은 엄청나게 많은 역사 자료를 섭렵하여 다음과 같이 주장하기에 이르렀다. 즉, 18세기의 일정 시기 무렵에 그때까지 지체된 서유럽의 유기적 경제가 산업적인 도시 시장경제로의 이행을 촉진할 만큼 농업·공업·서비스업에 고용된 노동의 생산성 성장을 뒷받침할 가능성이 완연한 정도에 이르렀다는 것이다(Marks 1998; Pomeranz 2000; Lieberman 2009). 이런 일이 벌어진 시기에 대해선 얼마간 논란의 여지가 있지만 18세기의 어느 시점 이전은 절대 아니었다.

그들이 볼 때, 그런 전망과 잠재력, 자극들이 연쇄적으로 전개되어 유럽의 근대적인 산업 발전으로 이어진 이유는 근본적으로 서구의 흥기를 특징지은 산업화와 도시화, 국제 무역 같은 것을 뒷받침하는 데 필요한 식량, 무기(無機) 동력자원, 원료의 공급과 해외 시장을 (주로 우연적이라고 여길 수 있는 이유로) 유럽인이 획득할 수 있었기 때문이다. 당시 선진적이었던 명대 중국의 유기적 경제는 서구가 획득한 정도의 식량 및 자원과 해외 시장을 확보할 수 없었다. 이런 상황이 가진 함의는, 유럽에서 노동력의 고용 및 전환 배치를 가져온 구조 변동을 지속하는 데 필요했던 자원을 중국의 이미 선진적인 유기적 경제는 같은 방식이나 같은 정도로 동원할 수 없었다는 것이다(Wong 1997; Goldstone 2008). 명말에는 인구가 "다행히도" 그리 길지 않았던 몽고의 정복 및 통치기에서 얼마간 회복되었는데, 이 무렵에는 토지 및 자연 자원의 공급 탄력성이 점점 줄어들면서 그로 인해 중국인의 생활 수준이 천천히 하지만 점점 더 제약받게 되었다. 아울러 이 무렵에는 관개 및 운송을 위해 수로를 관리해 나가는 중국 정부의 역량도 줄어들게 되었다. 일찍 출발했기에 중국이 갖게 된 불이익이 격화되고 있었던 것이다(Deng 1993; Elvin and Liu 1998).

이렇게 캘리포니아 학파가 명·청대 중국 경제에 대한 유럽 중심적인 시각의 기초를 무너뜨리기 위해 여러 논란 속에서 계속 사실관계를 수정하며 노력하고 있지만, 그럼에도 이들은 이전 세대의 중국사 연구자들과 한 가지 점에서 다른 것 같다. 이전 세대의 중국사 연구자들은, 스텝 지대 출신의 만주족 전사들이 정복을 통해 청을 건설하기 전에 이미 비옥한 토지와 관리 가능한 수로를 통해 끊임없이 증가하는 가구 수를 경작지에 비해 일정한 비율로 유지할 수 있는 역량과 식량 및 원료의 생산 및 운반을 위한 수로의 효과적인 통제가 지속되지 않거나 지속될 수 없다는 징후가 나타났음을 인정하는 경향이 있었다. 만주족의 청 건설 무렵에는 제국의 경제 및 재정 기반이 마크 엘빈의 유명한 "고도의 평형상태 트랩"으로 이미 진입했다는 것이다(Elvin 1973).

캘리포니아 학파는 엘빈이 1973년에 제시한 이 독창적인 분석을 반박한 적도 없고, 그에 기초하여 견해를 발전시키거나 그의 논의를 그대로 제시한 적도 없다. 캘리포니아 학파는 서유럽이 자신의 동쪽에 있는 미개발 영역에서, 그리고 아메리카 대륙의 자연 자원 개발 및 아프리카인 인적 자원의 노예화에서 얻었다고 여겨지는 우연적인 이익을 드러내는 데 도발적인 태도로 몰두하면서 그런 연구에 집중했다. 요컨대, 캘리포니아 학파는 경제 성장이 계속되면 수익 감소로 이어지게 마련이고 그런 궤적을 피하는 것은 가능한데도, 한쪽은 그런 궤적을 피하고 다른 한쪽은 그런 궤적을 따라 계속 전개되어 발생한 대분기를 다루면서도 그것의 내생적 요인이 가진 중요성을 경시하는 경향이 있으며, 이는 납득할 수 없는 정도는 아니다.(Pomeranz 2000; Xue 2007).

요약해서 말하면, 캘리포니아 학파와 같이 역사에 대한 수정론적 시각을 제시하는 학자들은 중국이 만주족의 정복 및 청 건설(1636-1683년)과 관련된 파괴로부터 회복되었고 새로운 왕조 하에서 맬서스적 압력과 인구 성장의 가속화에 다소 효과적으로 적응했다는 견해를 제출한다(Li 1998). 포메란츠는 유럽 중심적 시각에서 중국사를 무시하는 것에 대응하고 청 체제를 긍정적으로 바라보는 시각을 추구하면서, 리보중(Li Bozhong; 李伯重)이나 다른 농업사가들과 함께 중국의 상대적으로 더 상업화되고 선진적인 농업 지역 –예컨대, 장난(Jiangnan; 江南)– 에 주의를 기울였다. 이런 곳에서는 근면한 농민과 그들의 가족들이 전통적인 몇 가지 영농 방침에 따라 자신의 재량 하에 있는 노동 시간을 확대하면서 집약적으로 노동을 투입했다(Li and Van Zanden 2012). 다른 무엇보다도 농부들은 기존의 토지 면적에서 계절에 따라 수확하는 작물의 수를 늘렸다. 그들은 늪지와 범람 위험이 높은 토지를 경작지로 개간하면서 경작의 경계를 산비탈까지 올리거나 홍수가 빈번한 낮은 습지로 넓혔다. 또 그들은 비료로 사용하기 위해 도시에서 분뇨를 더 많이 들여오고 만주 지역에서는 대두깻묵(soya bean cake)을 수입했다. 그들은 땅콩과 담배, 감자, 옥수수 같은 '신세계' 작물을 도입하여 돌려짓기로 생산했다. 그들은 기회가 된다면 어디서든 생태학적으로 자신의 경작지에 유리한 환금작물로 특화하기도 했다(Li 1998; So 2013). 마지막으로 중국 농촌의 가계들은 여성과 아동, 가난한 친족의 불완전 고용 상태의 노동 시간을 모시 및 비단의 가내 생산에 할애하는 비중을 늘려갔고, 시간이 가면서 그런 노동 시간을 면직물 생산에 할애하는 비중이 증가했다(Rawski and Li 1992).

대분기 논쟁에 제시된 유럽 중심적 시각 중에, 제국 말기 중국의 농부들이 효과적인 것으로 입증된 전통적인 관련 기술을 영농 및 가축 사육에 적용시키지 못했다고 주장하는 것은 거의 없는 것 같다. 그렇게 기술을 적용할 수 있었다면 중국의 이런 비옥한 지방들에서는 작은 규모의 농지에도 농부들이 언제나 집약적으로 경작하여 에이커당 산출량을 훨씬 더 높게 유지할 수 있었을 것이라고 생각된다(Huang 2008). 게다가 불완전 고용 상태의 농민 가구가 활용 가능한 노동 시간을 면화와 모시, 생사를 가공해 얻는 직물과 실, 의류의 가내 생산 및 판매에 재할당한 것이 측정할 수는 없지만 토지 대 노동 비율의 전반적인 하락을 보완할 만큼 충분했다는 주장을 뒷받침하는 논지가 제출되거나 그런 주장을 문서로 입증한 적도 없다(이 점은 포메란츠도 인정했다). 반면에 주식 곡물의 상대 가격과 면직물의 상대 가격 사이의 순교역조건 상에서 일어난 변화를 측정한 결과를 보면, 그것은 제국 내지에 위치한 생태학적으로 불리한 지역의 비교적 가난한 농민 가구들이 값싼 직물을 팔기 위해 제국 역내 시장에 진입했고 이 때문에 곡물 교역 및 특화가 전반적으로 지속되고 증가할 가능성이 약화되면서 정반대의 상황이 일어났을 수도 있다는 것을 시사한다(Zhao 1977; Lebow et al. 2006).

결국 포메란츠든 포메란츠가 자신의 영향력 있는 저서에서 훌륭하고 설득력 있게 제시한 논쟁적인 테제들을 지지하는 학자들이든 이제는 대부분, 명말 경제의 가장 선진적이고 산업화된 지역들이 예상 상으로나 회고적으로나 산업화된 도시 시장 경제로의 이행과 결부된 구조 변동 및 기술 변화가 "언제든 곧" 일어났을 것 같은 발전 단계로 진화했다고 주장하지는 않고 있다. 저 "언제든 곧"이란 표현은 포메란츠가 최근 『역사적으로 말해서(*Historically Speaking*)』에서 쓴 것이지만 말이다(*Historically Speaking*, 2011년 9월 호).

하지만 그와는 반대로 (마크 엘빈이 고취한) 새로운 중국 환경사에서 나온 최근의 학문적 성과는 그 시기 중국의 농업이, 에드워드 버미어(Edward Vermeer)의 표현을 인용하면, "되돌릴 수 없는 새로운 최종 변화 국면으로 진입"했음을 밝혔고(Elvin and Liu 1998), 이런 성과는 명에서 청으로의 장기적인 지정학적 이행기를 전후하여 유럽 여러 나라의 경제들이 어떤 궤적을 따랐는지에 대한 논의와는 무관하게 이루어진 것이었다. 스미스적 성장을 겪고 있는 유기적 경제는 그 전개 과정에서 잠깐씩 성장이 중단되는 모습을 보여주는데, 이런 전개 과정 속에서 경제 성장에 불리할 가능성이 더욱 높은 맬서스적 단계가 나타나는 것은 흔한 일이다. 그런 흔한 맬서스적 단계로의 진입은 명말 시기 지역적으로 한정된 인구 성장의 상승세와 아울러 지역간 이주의 증가와 함께 나타났다. 그 후 새로운 청 왕조가 들어서 평화가 회복되고 전 세계적으로 장기간 진행된 농업에 불리한 기후 및 강수량 시기가 종식되자, 안타깝게도 측정할 수는 없지만, 중국인 가구들이 제국의 그다지 비옥하지 않은 고지대나 범람이나 가뭄에 취약한 토지로 옮기는 내부 이주가 확실히 지속적으로 문제가 되었다(Millward 1998; So 2013). 이런 불리한 조건 때문에 우연히도 17세기의 몇십 년 동안 사망률이 높게 유지되었다. 그리고 17세기가 끝나는 몇십 년 동안에는 중국 농업 경제의 기초 자체에 악영향을 끼치는 주된 힘들이 점점 더 심각하게 작동하여, 지속적인 인구 증가에 대처할 수 있는 제국 경작지의 역량을 촉진하면서 동시에 서서히 줄여나가게 되었다. 그러는 사이에 제국은 재정적으로 제약을 갖고 있고 구조 변동 면에서도 산업화하던 유럽에 비해 낮은 수준에 머물고 있어 자신의 핵심적인 문제를 그다지 완화시키지 못했다(Will 1990; Li

2007; Elvin 2010).

중국인들이 이런 맬서스적인 "되돌릴 수 없는 변화 국면"의 강화에 대처한 다양한 방법들은 최근 간행된 훌륭한 역사학 문헌들에서 개관되었다. 그런 저작은 중국 농업 및 인구사를 다루는 역사가들이 서술했는데, 이들은 인구 압력이 어떻게 생태·환경의 악화를 통해 표준적인 생활 수준의 하락으로 거침없이 이어졌는지를 공들여 설명하는 데 관심을 두었다. 여기서 수천 년 동안 중국 제국의 주민을 뒷받침했던 표준적인 생활 수준이란, 오늘날 식량 안보를 위해 요구되는 하루 일인당 칼로리 섭취량으로 과학적으로 정해진 2,300킬로칼로리를 얼마간 상회하는 것이었다(Huang 1985, 1990; Perkins 1969; So 2013).

하지만, 맬서스와 리카도(Ricardo)가 예측했듯이, 그리고 엘빈과 그를 따르는 학자들이 입증했듯이, 다모작 농사가 증가하고 구릉지의 얇은 토양이 침식되며 계단식 농지가 확대되면서, 그리고 중국의 넓은 산림 지대를 연료 및 목재를 얻기 위해 개발하면서, 무엇보다도 영농 목적으로 산림을 개간하면서, 생태·환경적 고갈 및 악화가 발생했다. 개간은 넓은 경작지의 경계를 따라 고지대에 자라던 나무의 벌목을 수반했고, 빗물이 실어 나르던 흙과 토사, 돌의 흐름을 막는 자연 제방들을 파괴했다. 이런 자연 제방들은 제국의 광대한 관개 및 수상 운송 체계를 이룬 인공 수로와 연결된 강과 하천으로 흙과 토사, 돌이 흘러드는 것을 막아주던 것이다. 또한 오래전에 확립되었던 그런 자연 및 인공 수로의 네트워크는 고지에서 물이 제멋대로 쏟아져 내려와 충적토가 쌓인 저지의 비옥한 토지를 유린하는 것을 막아주었다. 이것을 지키고 보수하여 유지한 것은 중국 농업이 오랫동안 이룬 뛰어난 업적이었다. 명말 무렵 연료 및 목재 수요와 아울러 경작지 수요가 증가하면서, 토지 없는 가구들이 강 하류 삼각주 지대와 평원 지대, 비옥한 저지대로부터 벗어나 고지대 쪽으로 이주하고 또 경작에 보다 취약하고 맞지 않는 지역으로도 이주하여 정착하는 내부 이주의 흐름이 증가하여 그 비중이 커졌다(Elvin and Liu 1998; Elvin 2004; Marks 2012).

　　중요한 기술적 혁신이 없는 상태에서 투자와 노동, 원료에 드는 비용과 일인당 농업 생산량을 전통적인 수준으로 유지하는 데 필요한 복잡한 조직과 협력의 구성에 드는 비용이 중국의 고질적인 문제로 등장하여 계속 심화되어 간 것은 확실하다. 중국의 장구한 역사 상에서 자연 자원이 고갈되고 전통적인 수리 통제 및 활용 방식에서 얻는 수익이 감소하기 시작하는 시기에 만주족이 그 농업 제국을 장악했다(Perdue 1982; Tvedt 2010). 이런 역사학적 성과를 고려하면, 이제는 이런 성과에 입각한 이해가 유럽에 중심을 두고서 지속적인 수정 과정을 통해 진행된 대분기 논쟁을 압도한다고 할 수 있다. 하지만 중국의 그런 국면을 선진적인 유기적 경제의 장기 역사상에 나타난 맬서스적 시기라고 하고 그 시기에 중국 경제는 유럽의 진행 방향에 따른 구조 변동의 전망이나 가능성을 제한적으로만 드러냈다고 말하는 것은 여전히 가능하다. 청나라는 위에서 제시한 여러 문제들에 대처했지만, 전통적인 방식으로 대처하여 그 국가와 새로운 체제가 서유럽에 비해 지체되지 않도록 하는 과업에까지는 명백히 이르지 못했다(Rowe 2009; Acemoglu and Robinson 2012).

| 참고문헌 |

Acemoglu, D., & Robinson, J. (2012), *Why nations fail: The origins of power, prosperity and poverty*, New York: Crown Publishers.

Adshead, S. (1995), *China in world history*, London: Palgrave Macmillan.

Barbier, E. (2011), *Scarcity and frontiers: How economies have developed through natural resource exploitation*, Cambridge: Cambridge Univ. Press.

Brandt, L., & Rawski, T. (eds.) (2008), *China's great economic transformation*, Cambridge: Cambridge Univ. Press.

Bray, F., Coclains, P.A., Fields-Black, E.L., & Schäfer, D. (eds.) (2015), *Rice: Global networks and new histories*, Cambridge: Cambridge Univ. Press.

Bray, F. (1986), *The rice economies: Technology and development in Asian societies*, Berkeley: Univ. of California Press.

Brenner, R., & Isett, C. (2002), "England's divergence from China's Yangtze delta: Property relations, microeconomics and patterns of development", *Journal of Asian Studies* 61 (2), 609–662.

Broadberry, S., & O'Rourke, K. (2010), *The Cambridge economic history of modern Europe*, Vol. 1: *1700–1800*, Cambridge: Cambridge Univ. Press.

Brook, T. (1998), *The confusions of pleasure: Commerce and culture in Ming China*, Berkeley: Univ. of California Press.

Brook, T. (2005), *The Chinese state in Ming society*, London: Routledge.

Brook, T. (2010), *The Troubled Empire: China in the Yuan and Ming dynasties*, Cambridge, Mass.: Harvard Univ. Press.

Campbell, B., & Overton, M. (2010), *Agricultural revolution in England: The transformation of the agricultural economy*, Cambridge: Cambridge Univ. Press.

Deng, G. (1993), *Development versus stagnation: Technological continuity and agricultural progress in pre-modern China*, Westport: Greenwood Press.

Deng, G. (1999), *The pre-modern Chinese economy: Structural equilibrium and capitalist sterility*, London: Routledge.

Deng, K. (2015), *Mapping China's growth and development in the long run, 221 BC to 2020*, Singapore: World Scientific Publishing Company.

Deng, K., & O'Brien P. (2017), "How far back in time might macro-economic factors travel? The debate on the great divergence between imperial China and the west", *World Economics* 18 (2).

Dixin, X., & Chengming, W. (eds.) (2000), *Chinese capitalism 1522–1840*, London: Palgrave Macmillan.

Elman, B. (2000), *A cultural history of civil examinations in late imperial China*, Berkeley: Univ. of California Press.

Elvin, M. (1973), *The pattern of the Chinese past: A social and economic interpretation*, Stanford: Stanford Univ. Press.

Elvin, M. (1996), *Another history: Essays on China from a European perspective*, Broadway, NSW: Wild Peony.

Elvin, M. (2004), *The retreat of the elephants: An environmental history of China*, New Haven: Yale Univ. Press.

Elvin, M. (2010), "The environmental impasse in late imperial China", in B. Womack (ed.), *China's rise in historical perspective*, Lanham: Rowman & Littlefield.

Elvin, M., & Liu, T.-J. (eds.) (1998), *Sediments of time: Environment and society in Chinese history*, Cambridge: Cambridge Univ. Press.

European Review of Economic History (2008) 12, Symposium (on Cregory Clark's *A Farewell to Alms*).

Fairbank, J. (ed.) (1978), *Cambridge history of China*, vol. 10: *The Late Ch'ing 1800–1911*, Cambridge: Cambridge Univ. Press.

Gates, H. (1996), *Chinese motor. A thousand years of petty capitalism*, Ithaca: Cornell Univ. Press.

Gernet, J. (1982), *A history of Chinese civilization*, Cambridge: Cambridge Univ. Press.

Goldstone, J. (2008), *Why Europe? The rise of the west in world history 1500–1850*, New York: McGraw Hill.

Goody, J. (2010), *The Eurasian Miracle*, Cambridge: Polity Press.

Grigg, D. (1980), *Population growth and agrarian change. A historical perspective*, Cambridge: Cambridge Univ. Press.

Hayami, A., & Tsubouchi, Y. (eds.) (1990), *Economic and demographic development in rice producing societies: Some aspects of East Asian History (1500−1700)*, Leuven: Leuven Univ. Press.

Hobson, J. (2004), *The eastern origins of western civilization*, Cambridge: Cambridge Univ. Press.

Huang, P. (1985), *The peasant economy and social change in North China*, Stanford: Stanford Univ. Press.

Huang, P.C. (1990), *The peasant family and rural development in the Yangtze Delta 1350−1988*, Stanford: Stanford Univ. Press.

Hung, H.-F. (2008), "Agricultural revolution and elite reproduction in Qing China: The transition to capitalism debate revisited", *American Sociological Review* 73 (4), 569−588.

Jones, E. (1987), *The European miracle. Environments, economies and geopolitics in the history of Europe and Asia*, Cambridge: Cambridge Univ. Press.

Kander, A., Malamina, P., & Warde, P. (2013), *Power of the people: Energy in Europe over the last five centuries*, Princeton: Princeton Univ. Press.

Lebow, R.N., Tetlock, P., & Parker, G. (eds.) (2006), *Unmaking of the west: "What−if?" scenarios that rewrite world history*, Ann Arbor: Univ. of Michigan Press.

Lee, J., & Wang, F. (1999), *One quarter of humanity: Malthusian mythology and Chinese realities*, Cambridge, Mass.: Harvard Univ. Press.

Li, B. (1998), *Agricultural development in Jiangnan 1620−1850*, Houndmills: Macmillan.

Li, B., & Van Zanden, J.-L. (2012), "Before the great divergence? Comparing the Yangtze Delta at the beginning of the nineteenth century", *Journal of Economic History* 72 (4), 956−989.

Li, L. (2007), *Fighting famine in North China: State, market and environmental decline*, Stanford: Stanford Univ. Press.

Lieberman, V. (2009), *Strange parallels: South−East Asia in global context, c. 800−1830*, Vol. II, *Mainland Mirrors: Europe, Japan, China, South Asia and the islands*, Cambridge, Mass.: Harvard

Univ. Press.

Malamina, P. (2009), *Pre-modern European Economy: One thousand years (10th-19th centuries)*, Leiden: Brill.

Marks, R. (1998), *Tigers, rice, silk and salt: Environment and economy in late imperial South China*, Cambridge: Cambridge Univ. Press.

Marks, R. (2012), *China: Its environment and history*, New York: Rowman & Littlefield.

Mazumdar, S. (1998), *Sugar and society in China: Peasants, technology and the world market*, Cambridge, Mass.: Harvard University Asia Center.

Millward, J. (1998), *Beyond the pass: Economy, ethnicity, and empire in Qing Central Asia 1759-1864*, Stanford: Stanford Univ. Press.

Perdue, P. (1982), "Water control in the Dongting lake region during the Ming and Qing periods", *Journal of Asian Studies* 41 (4), 747-765.

Perkins, D. (1969), *Agricultural development in China 1368-1968*, Chicago: Aldine Publishing.

Pomeranz, K. (2000), *The great divergence: China, Europe and the making of the modern world economy*, Princeton: Princeton Univ. Press.

Rawski, T., & Li, L. (eds.) (1992), *Chinese history in economic perspective*, Berkeley: Univ. of California Press.

Rowe, W. (2009), *China's last empire: The great Qing*, Cambridge, Mass.: The Belknap Press of Harvard Univ. Press.

Scott, A. (2008), *The evolution of resource property rights*, Oxford: Oxford Univ. Press.

Sierferle, R.P., & Breuninger, H. (eds.) (2003), *Agriculture, population and development in China and Europe*, Stuttgart: Breuninger Stiftung GmbH.

Shi, Z. (2018), *Agricultural development in Qing China: A quantitative study, 1661-1911*, Leiden: Brill.

So, B.L. (ed.) (2013), *The economy of the lower Yangzi Delta in late imperial China: Connecting money, markets, and institutions*, London: Routledge.

Tvedt, T. (2010), "Why England not China and India? Water systems and the history of the industrial revolution", *Journal of Global History* 5 (1), 29–50.

Twitchett, D., & Mote, F.W. (eds.) (1998), *The Cambridge history of China*, vol. 8: *The Ming Dynasty, 1368–1644*, Cambridge: Cambridge Univ. Press.

Van Zanden, J.-L. (2009), *The long road to the industrial revolution: The European economy in global perspective, 1000–1800*, Leiden: Brill.

Von Glahn, R. (2016), *The economic history of China: From antiquity to the nineteenth century*, Cambridge: Cambridge Univ. Press.

Vries, P. (2015), *State, economy and the great divergence: Great Britain and China 1680s–1850s*, London: Bloomsbury.

Will, P.-E. (1985), "State intervention in the administration of a hydraulic infrastructure: The example of Hubei Province in late imperial times", in S.R. Schram (ed.), *The scope of state power in China*, Hong Kong: The Chinese Univ. of Hong Kong Press.

Wong, R.B. (1997), *China transformed: Historical change and the limits of European experience*, Ithaca: Cornell Univ. Press.

Xue, Y. (2007), "A 'fertilizer revolution'? A critical response to Pomeranz's theory of 'geographic luck'", *Modern China* 33 (2), 195–229.

Zelin, M., Ocko, J.K., & Gardella, R. (eds.) (2004), *Contract and property in early modern China*, Stanford: Stanford Univ. Press.

Zhao, G. (1977), *The development of cotton textile production in China*, Cambridge, Mass.: Harvard University Asia Center.

Chapter 4

명·청대 국가와 농업경제

| 요약 |

　대분기 논쟁에 참여하는 이들 중, 생산 가능성 곡선이 수익 감소 지점에 이르기까지 자신의 풍부한 자연 자원을 이용한 농업 제국이 직면한 문제가 해결하기에 복잡하고 비용이 많이 드는 것이 결코 아니었다고 주장한 이는 없었다. 이 장에서는 17세기 명의 붕괴 이래 점점 더 첨예해지고 있던 문제들을 완화하기 위해 현실적으로 국가가 활용할 수 있던 선택지가 무엇이었느냐는 논제를 특별히 다룬다. 그런 선택지들에 서구의 경로를 따르는 산업화와 구조 변동이 포함되었다고 할 수 있는가? 유럽 중심적인 시각에서 볼 때는 산업화와 구조 변동을 포함하는 선택지를 고려하는 것이 시대착오적인 것이라고 보아 그것을 응당 간과했을 것이다. 따라서 그렇게 하다 보면 중국의 지체는 내부적 요인에 의한 것으로 계속 간주되었을 것이다. 게다가 제국의 재정 및 화폐 제도에 대해 실효성 있는 개혁을 시행하지 않은 상태에서, 서구의 침략에 맞선 방어와 내부 질서의 유지를 위해 활용할 수 있는 국가 전략의 범위는 극히 제한적이었다. 그리고 광범위하면서도 동시에 집약적인 경작 경계지의 농업 발전을 목적으로 가치가 떨어지던 기반시설에 대한 투자를 늘리려는 적극적인 개입에 국가가 활용 가능한 전략의 범위 역시 여전히 아주 제한적이었다. 요컨대, 대분기를 둘러싼 역사적 설명은 무엇이든 그 핵심에, 명·청 체제가 일찍이 농본주의적인 유기적 경제에 성공을 거두며 출발하여 장기적으로는 제국 통치에 맞는 재정 자원 및 집행 체제를 갖춘 국가를 창출하지 못한 점과 결부되어 겪은 인과응보를 포함시켜 다루고 있다.

| 주제어 |

국가재정역량, 국가의 형성, 관료제, 공공재, 내부 질서, 대외 안정, 제국적 팽창, 국제 및 해외 이주, 공유 자원, 상호적이지만 시대착오적인 비교

경제사가들은 근대 경제 성장으로의 이행에 여러 세기의 시간이 걸리며 그것이 상호 연결된 일련의 제도들의 확립 및 유지에 의해 촉진된다는 것에 동의한다. 게다가 그런 전개 과정은 국가와 명목상으로 그 아래 있던 엘리트들이 추구하는 전략적 투자 및 경제 정책에 의해 뒷받침되거나 아니면 제약받았다. 현재 "유럽을 중심에 둔 시각들"은 설명 가능한 역사적·지리적·정치적·지정학적·경제적·문화적 이유로 인해 중국 제국이 1368-1911년 시기에 명말과 청대의 주민과 공동체들이 직면한 맬서스적 도전에 대처하는 데 적합한 것으로 여겨질 수 있는 제도를 확립하여 유지하지 못했다는 견해를 제시하고 있다(Peyefitte 1992; Vries 2015). 얼핏 보기에는, 명말이든 청대든 농업 기반시설과 상품, 노동, 자본 시장들의 확장 및 통합을 위한 국가 투자가 영국과 서유럽의 이웃 국가들이 추구한 중상주의 정책에 비해 구조 변동을 수반한 농업 발전에는 궁극적으로 부적절했다고 서술할 수도 있을 것 같다(Rowe 2009; Vries 2013). 그에 더해 중국 제국은 상품 및 서비스의 생산, 운송, 분배에 활용될 과학·기술 지식의 발전과 적용을 장려하지 못한 것으로 폄하되기도 했다. 또 공적·사적 위생과 아울러 전

쟁, 국방, 내부 안정에 활용될 과학적 지식의 경우에도 마찬가지로 평가되었다. 이런 영역에서 중국 제국이 한 역할은 그런 지식의 형성 및 확산에 무관심하거나 아니면 잠재적으로 장애가 되었다고 다양한 방식으로 묘사되었다(Leonard and Watt 1992; Duchesne 2011).

캘리포니아 학파는 몇 가지 측면에서 이런 전통적인 유럽 중심적 평가들이 시대착오적이고 중국사에 대한 무지를 드러내는 것임을 보여주었다. 캘리포니아 학파는, 연속적인 명·청대 정부들이 추구한 정치 경제를 이렇게 부정적으로 표현하는 것이 편견에 찬 것으로, 그런 견해는 유럽의 중앙 집중적이고 중상주의적인 국가들이 패권과 이윤, 위계를 위해 추구한 정책들에 비해 중국 제국 체제가 정치적 안정, 지방 단위의 성과, 사회 질서, 주민 복지에 부여하던 맥락과 우선성을 역사적으로 이해하지 못했기 때문이라고 하였다(Wong 1997; Waley-Cohen 1999; Pomeranz 2000).

더 나아가 수정적 견해를 제시하는 이들은, 1789년 이전 여러 세기 동안 유럽 국가들(특히 영국)이 장기적 경제 성장의 증진에 더욱 유리한 일련의 제도들을 뒷받침했음을 통계 기록을 통해 알 수 있다는 단언의 기초를 무너뜨리고자 했다. 그들은 특히 중국의 거시경제적 운영 방식이 오래전부터 서구의 방식과 달랐을 뿐 아니라 그보다 못했다고 결론짓는 서구 역사가들 사이에 퍼져있는 경향성을 비판한다. 또 서구 역사가들 사이에는 유럽의 경제적 관리 방법 및 기법이 나아가 1800년 이후 쇠퇴와 위기로 치닫고 있던 유기적 경제를 관리하던 국가에게 필수적인 지침으로 채택되었어야 했다고 결론짓는 경향성도 있는데, 그들은 이것 역시 비판한다(*American Historical Review* 2002).

캘리포니아 학파는 18세기 말 이전에 중국에서 심각한 경제적 지체(이것은 2장에서 살펴본 여러 이유로 인해 일어났을 가능성이 없는 것으로 판명되었지만 애석하게도 이를 측정하기는 불가능하다)가 발생했다는 것을 입증할 통계적 증거가 사실상 전혀 없다고 단언한다. 이와는 별개로, 그들은 중국 국가와 제도가 기반시설 투자와 생산, 분배, 교환, 사회적 복지, 기술 혁신을 뒷받침했다고 옹호하는데, 이런 주장이 아직은 충분한 설득력을 갖고 있지는 않다(Brook 2005; Goody 2010). 캘리포니아 학파의 이런 시각은 비판적인 반응을 불러일으켰고, 제국의 상품, 자본, 노동 시장, 그리고 아울러 생산 및 국방 목적의 기술 및 조직 방식으로 성장해 갈 수 있는 지식의 축적과 관련한 규제와 규칙, 제도에 대한 역사 연구와 논쟁의 물결을 자극했다. 그리고 그와 관련한 연구 및 논쟁이 지금도 진행 중이다(Zurndorfer 2009).

중국의 국가 및 제도와 유럽 몇몇 국가를 표본으로 삼아 그들이 뒷받침한 제도를 뚜렷이 명시하여 비교한 역사 연구들이 최근 광범위하게 간행되었는데, 이 연구들은 너무 많고 세부적인 사항을 다루고 있어 요약하여 종합하기가 아주 힘들다. 대분기 논쟁을 통해 중국 국가가 유럽식이 되거나 되지 말라고 젠체하며 강요하는 전통적인 유럽 중심적 태도에서 벗어나게 된 것은 분명하다. 그럼에도 (기계화된 근대 산업을 지향하는 구조 변동의 촉진은 차치하고) 농업 생산 및 무역 기반시설의 상태 악화 및 가치 감소에 더욱 효율적으로 대처해야 했던 제국 말기 중국 국가와 그것이 유지한(혹은 대체하거나 개혁하지 못한) 지방 엘리트 및 제도에 대해 비판적인 주요 주장들은 반박되지 않았다(Brandt and Rawski 2008; Kent 2012; Rosenthal and Wong 2011; Tanimoto and Wong 2019).

명·청 체제에 대한 비판적 평가 중 무엇보다도 근본적인 것은, 그 체제들이 내부 분란의 증가를 수반한 인구 압력에 대처하는 적절한 정책의 재원 공급 수단으로 국가 재정과 금융, 화폐 제도들을 구축하는 데 장기적으로 실패했다는 평가일 것이다. 그리고 청이 지배하는 방대한 영토 제국의 대외 안보에 서구 제국주의가 (필리핀, 자바, 인도를 탈취한 뒤) 제기하던 위협의 대두에 대처하기 위해서도 적절한 정책이 필요했는데 그에 대한 재원 공급 수단도 마련되어 있지 않았다는 것이다(Leonard and Watts 1992; Dunston 1996; Elliott 2001; Peterson 2002).

예측할 수 있듯이, 근본적이라고 여겨지는 이런 비판적 평가조차도 이론상으로는 수량화해서 근거를 제시할 수 있지만 실제로는 수량화가 되지 않기에 검증하기가 어려운 것으로 드러났다. 그 이유는 당시 조세와 지대를 계산하여 배분하던 제국의 통치 엘리트든 오늘날의 현대 역사가든 거시경제적 목적이나 사회적 복지의 목적으로 중앙 국가의 지시에 의해 할당된 총 지출에 대한 (혹은 그 대체물로 총세입에 대한) 포괄적인 회계 처리기록을 활용할 수 없었기 때문이다(Feurwerker 1973). 1683년에서 1839년의 시기를 표본으로 국가의 주력 수입원인 지조(地租)를 기록한 공식 문서가 남아있다(Wang 1973). 그러나 국가가 공공재 및 서비스 공급을 위한 자금 조달 목적으로 전유하여 징수한 다른 형태의 "원형 조세(proto taxation)" -노역(勞役)이나 칭호, 품계(品階), 관직, 독점권의 판매에서 얻은 수익 같은 것- 는 거의 모두가 어떤 식으로든 체계적으로 기록되는 일이 드물었다. 소규모 임명직 관리 집단을 통해 국가가 백성들에게서 끌어낸 또 다른 "공적" 수입원 역시 양적인 면에서는 아마 중요했을 것인데, 전혀 기록되어 있지 않다. 이 소규모 관리 집단은 자기 관할 지방에 공공재와 서비스를 제공하고 방대한 청 제국의 성, 군, 현 내에서 그리고 그 전체에 걸쳐 주민들의 조세 부담을 평가하려면, 자신들보다 훨씬 더 큰 노동력을 "비공식" 아전(衙前)과 수금원, 보조자 등으로 현지에서 충원해야 했다. 그들은 이렇게 충원된 노동력에 보수를 지급할 만큼의 충분한 보수를 받지 못했지만, 어떻게든 보수를 지급해야 했고, 따라서 여러 편법을 통해 상당한 재원을 백성에게서 끌어내었다고 보아야 한다(Zelin 1984; Park 1997; Deng 2012).

중국만이 아니라 유럽에서도 근대 초기 국가 형성의 역사는 통치 엘리트들이 도처에서 다양한 강제적 편법들에 의존했음을 드러내었는데, 이는 세입을 늘리고 유지하면서 조세 사정 및 징세 활동과 관련해 불가피한 비용을 최소화하기 위한 것이었다. 재정 관리를 맡은 부서는 중앙 정부가 정한 방식과 비율에 맞춰 이런 핵심 기능을 수행할 책임을 졌지만 이를 수행할 인력도 자금도 충분치 않았기에 강제적 편법을 활용했다. 하지만 이런 편법들은 공공재와 서비스 공급에 들어갈 자금 제공 수단의 수요 및 필요성에 대한 대처를 확대하기는커녕 기존 수준으로 유지하는 데도 그다지 효과가 없었다. 반대로 이런 식으로 제도화된 약탈은 발전 정책을 정초하여 집행할 국가의 역량을 축소시키는 결과를 낳았을 뿐 아니라, 흔히 조세 회피와 원성, 저항, 그리고 결국 경제 성장을 위한 핵심적인 전제조건 ―내부 안정― 에 대한 심각한 위협까지 불러일으키기도 했다(Gray 2002; O'Brien 2014).

하지만 근대 초기에 핵심 기능을 다른 곳에 넘겨주고 비효율적으로 운영되어 곧 무너질 것 같은 재정 및 금융 제도를 정치 체제의 특징으로 가졌던 것은 동양만이 아니라 서구에서도 마찬가지였다. 그러므로 유럽 국가들과 중국이 자기 신민(臣民)들에게서 끌어내어 빼앗은 세입의 총량이 얼마나 차이가 있는지를 비교하기 위해 활용 가능한 데이터가 없는 한, 그리고 그런 데이터를 확보할 때까지는, 중국의 중앙 정부와 그 하위 지방 당국의 재정 역량을 정확히 측정하여 중국보다 규모가 작은 유럽의 중앙 정부들과 지방 당국들 중 몇 개를 표본으로 삼아 비교하기는 여전히 힘들 것이다. 하물며 유럽 국가들과 중국이 자기 총세입 중 얼마를 공공재의 공급에 할애했는지를 비교하는 것은 더욱 요원한 일이다(Guy 2010; Karaman and Paqmuk 2010).

다행히도 제국 시기 중국과 몇몇 주요 유럽 국가의 재정 정책 및 행정을 연구한 2차 문헌이 많이 나와 있으며 질적으로도 우수하다. 이런 문헌들이 수량적 지표에 근거해 유럽과 중국의 비교사를 구축하려는 다른 문헌들 대부분보다 양적·질적으로 뛰어나다는 것은 분명하다. 그러므로 위에서 언급한 공식적인 지조 관련 통계 기록 외에도, 중앙과 지방 수준에서 중국 제국의 재정사를 다루는 전문 연구자들의 연구서와 논문들을 길게 제시할 수 있다(Wong 1997). 그런 연구서 및 논문들은 여러 공식 데이터를 인용하고 있는데, 이를 전거로 삼아 위에서 제시한 1683–1839년 시기에 중앙 정부가 활용할 수 있었던 총세입의 하한추정치를 은 몇 냥의 단위로 구성해 낼 수 있다. 질적으로 이와 유사한 추정치를 몇몇 유럽 강대국들에게서 얻을 수 있으며, 아울러 영국과 네덜란드의 경우에는 이런 추정치들보다 훨씬 더 정확한 재정 기록이 존재한다. 중국의 경우 합법적으로 징수되어 지방에서 공공 목적으로 사용된 조세 규모에 대한 통계가 없으며, 유럽 대부분의 나라에서도 그런 통계를 얻기는 힘들다(Deng 2012; Yun-Casalilla and O'Brien 2012).

하지만 일인당 GDP와 관련해 간행된 통계 자료와 달리, 중앙 정부가 받은 세입의 형태로 남아있는 실질 임금 및 농민 소득 관련 데이터는 측정이 가능할 정도로 충분히 정확하여, 공공재의 공급을 위한 자금 조달 정책을 추구할 수 있는 중국 제국과 유럽 국가들의 상대적 역량을 드러낼 수 있을 것 같이 보인다. 예컨대, 국가가 받았거나 받았다고 작성한 총세입 관련 기록은 통상 청의 관할 하에 있던 인구별로, 영토의 면적별로, 그리고 수천 킬로미터의 경계별로 구분될 수 있고, 이를 영국을 비롯한 서구의 몇몇 국가들의 세입들과 비교할 수 있다. 이런 수치는 타당한 추론을 표로 제시하기 위해 은 몇 그램이나 등가의 곡물량이나 노동 시간으로 치환될 수 있다. 이것은 국가가 그들의 신민들에게 부과한 상대적 조세 부담은 물론이고 국가가 정책 수행에 필요한 재정 및 금융 자원에 대해 행사한 지배권을 비교하는 데도 도움이 된다. 게다가 지조 세입 중 베이징으로 옮긴 양을 기록한 수치에 2나 3 혹은 심지어 4라는 수를 곱하여 중국 국가와 그 하위 지방 당국이 집행한 세입(과 더 나아가 지출)의 대략적인 추정치를 얻을 수도 있을 것이다. 그렇게 되면, 청 제국의 경우 공공재 및 서비스의 공급을 위해 징수하여 할애한 세입 관련 통계가 유럽 국가들이 집행한 세입 및 지출과 체계적으로 비교할 수 있을 만큼 충분히 포괄적이지 않다는 주장을 견지하기가 힘들 수도 있을 것이다(Liu 2005; Vries 2015).

결국 오직 그런 "반사실적 계산(counterfactual arithmetic)"에 입각해서만, 제국의 신민들에게 점점 더 격심한 피해를 입힌 인구 성장과 내부 분란, 대외 안보, 환경 악화에서 발생한 압력에 대응한 정책을 정초하여 집행할 수 있는 청 국가의 재정 역량이 유럽 국가들에 비해 전적으로 약했다고 결론을 내릴 수 있다. 특히 만주족의 왕조가 1683년 한족 주민에 대한 지배력을 확고히 하고 제국 영토를 넓힌 이후에도 청의 재정 역량은 약했다고 할 수 있을 것이며, 이로부터 유럽 중심적인 부정적인 시각, 하지만 통계적으로는 타당한 것 같이 보이는 시각을 끌어낼 수 있을 것이다(Karaman and Pamuk 2010; Ma 2013).

하지만 명말 무렵에 이미 맬서스적인 문제가 잠재하고 있었고, 내부 분란이 간간이 발생했으며 제국의 결집 및 안정에 서구가 위협이 된다는 인식이 존재했다(Brook 2010). 명·청 교체 이후에는 이러한 것들이 더욱 심화되었다. 비록 중앙아시아 스텝 지대 출신의 전사들이 만든 왕조가 중국의 군사력을 재편하면서 제국 경계 전역에 걸친 유목민 군대의 반복되는 침략이라는 문제는 영원히 해소되었지만 말이다. 중국의 역대 왕조들이 만리장성을 수축하고 그 주위에 수비대를 주둔시키는 데 엄청난 비용을 지출했음에도 그런 지정학적 위협이 지속되었는데 이를 해결한 것이다(Spence and Mills 1979). 나아가 청의 주권이 확립되고 오래지 않아 청의 군대는 서쪽으로 진군하여 일련의 전투를 통해 중국의 서북 경계 지역에서 몽고군과 다른 유목민 부족의 군대를 격퇴했다. 그 결과로 만주족과 몽고족, 티베트인, 그 외 여러 유목민 및 유목 부족들이 산재하던 방대한 개발 잠재력을 가진 영역이 제국의 영토로 통합되었고, 청이 통치하는 영토가 2배 이상 늘어났다(Perdue 2005; Patterson 2006).

실제로 만주족이 명을 멸망시키고 청을 세운 것과 그에 뒤이어 중앙아시아와 면한 취약한 경계지역을 영토로 수용하여 주민을 정착시킨 것은, 한족 주민들에게 여러 세기 동안 자신들이 저지하고자 애썼던 약탈적인 육상 침략 행위에 대한 대외 안정을 제공했다(Smith and von Glahn 2003). 청의 팽창주의는 고대 중국부터 오랫동안 사람들이 정착하여 인구가 넘치고 있던 저지대와 하천 삼각주 지역의 과잉 인구를 배출시키는 통로를 제공했고, 아울러 수백 만 에이커의 경작 가능 토지와 광물 및 그 외 다른 자연자원에 접근할 수 있는 잠재적 가능성을 제공했다. 더 나아가 이전 왕조들이 중앙아시아와의 경계지를 따라 건설된 요새와 수비대에 쏟아붓던 지출을 줄이면서 얻게 된 "평화 배당금(peace dividend)"은 국가 수입으로 활용되어 가치가 하락하던 생산 및 무역용 기반시설을 현대화하는 데 재할당될 수도 있었다(Struve 2004; Andrade 2016).

청대 중국사를 연구하는 학자들은 홍수나 가뭄, 흉작과 같은 주기적인 자연 재해로부터의 구제에 대한 지출 규모가 유지되거나 심지어 늘어나기까지 했다는 점을 정확하게 인식했다. 토지가 없는 사람들에게 지급하는 토지 구입 및 개간을 위한 보조금과 이주 정착을 위한 보조금도 계속 늘어났다. 신중하게 생각해 보면, 중국의 "이민족" 통치자들은 아마도 가난하고 토지 없는 노동자에게 점점 더 많이 피해를 입히던 자연 재해의 완화나 여러 조건의 개선을 위해 전통적인 정책을 유지하고 거기에 자금을 대는 일을 게을리하지 않았던 것 같다(Feurwerker 1976; Wong 1997; Deng 2012).

이렇게 본다면, 청 제국에 "유교 이념에 입각한" 복지 정책(중앙 정부와 지방 정부가 징수한 세입 중 이 부문에 소요되는 몫은 비교적 작았다)이 존재했음은 인정해야 한다. 하지만 그럼에도 불구하고 돌이켜 보면 청 제국이 인구 성장률의 상승으로 인해 발생한 인구 압력에 대처할 수 있는 재정 역량을 명에게서 넘겨받지 못했고 스스로 확립하지도 못했다는 비판적 평가를 피하기는 어려운 것 같으며, 이는 위의 복지 정책의 존재와는 별개의 문제이다.

본질적으로 제국 말기 중국에서 국가 재정 역량의 발전이 여전히 충분치 않았다는 것은 확실한 것 같다. 그 이유는, (유럽과 대조적으로) 청 정부든 제국 운영을 책임진 그 이전의 체제들이든 중장기 대부의 조달을 촉진하여 고정 자본 형성에 투자할 자금을 공급할 수 있는 금융 제도는 물론이고 신용에 대한 조직적이고 체계적인 의존 및 접근을 가능케 하는 메커니즘 및 제도를 세우지 못해 일상적인 금융 유동성 요건을 촉진할 수 없었기 때문이다. 19세기 말까지도 중국의 정책 및 통치 행위에 대한 자금 공급은 국채의 축적에 전혀 의존하지 않았다. 재정 적자가 산발적으로 발생하면, 국가는 상인들에게 "기부금"을 내어 긴급하고 불가피한 지출 필요성에 자금을 대라고 강제적으로 요구하여 그것을 해소했다(Feurwerker 1976).

그런 식으로 일시적으로 간간이 국가에 의한 강제적 약탈 조치로 빠져든 것 외에, 중국 제국은 인구 압력의 격화를 보여주는 증거가 아주 뚜렷했음에도 그와 대치되는 불간섭 전략을 추구했다. 이런 불간섭 전략이 장기간에 걸친 중국 경제와 서유럽 경제의 성취 사이에 나타난 분기를 설명하려는 내러티브들에서 작동하는 주요하고 아주 뿌리 깊은 힘이라고 지금도 말할 수 있다(Kaska 2017). 그런 분기가 언제 명백해졌는가와 관계없이 그리고 서구의 경제적·지정학적 흥기가 발생한 원인이 얼마나 우연적이었나 혹은 얼마나 훌륭한 것이었나와도 관계없이, 그저 제국 생산 기반시설의 경제적 운영을 위해 추구된 적절한 제도와 전략이 없었다는 점이 1683년과 1911년 사이에 지역적으로 달랐지만 전체적으로는 부적절했던 청 제국의 경제적 작동에 아마도 가장 크고 가장 중요한 비중으로 책임이 있다고 주장할 수 있는 것이다(청의 경제 정책에 대한 보다 호의적인 해석은, Wong 1997; Pomeranz 2000; Deng 2012를 보라).

그렇지만 중국 역사상 가장 희생이 크고 파괴적이었던 내부 반란(1850-1864년)[1]이 종식된 이후까지, 청은 농경지에 부과되는 전통적인 지배적 조세(소금 소비에 부과되는 염세[鹽稅]가 이를 보완했다)를 넘어서 제국 역내 교역 및 대

---

1 아편전쟁 이후 중국 남동부 지방에서 시작되어 전국을 휩쓸었던 태평천국의 난을 말한다. 19세기 최대의 인명 손실을 가져온 전란으로서 청의 붕괴의 시작을 알린 것으로 평가된다.

외무역이나 산업 생산에 부과하는 식으로 조세 범위를 넓혀서 자신의 재정적 기초를 확대하려는 조치를 사실상 전혀 취하지 않았다. 게다가 체제의 지배적인 수입원에 대한 사정과 징수, 그리고 중앙 정부의 금고나 하위 지방 당국의 수중으로 그것을 이전하기 위한 토대와 규칙들이 수 세기 동안 계속 정립되거나 조직되지도 않았다. 그래서 재정사가들이 그런 체제를 공정했다거나 생산적이었다고 인정할 수가 없을 정도이고, 또 인정할 만한 수준에서 재정적 필요에 따랐을 가능성이 있다고도 말할 수가 없을 정도이다. 예컨대, 명이든 청이든 과세 가능한 제국의 경작지 면적을 기록하는 토지조사 작업을 단 한 차례, 그것도 불완전하게 수행했을 뿐 그 이상의 어떤 것도 실행하지 않았다. 명이든 청이든 "무(畝)"의 넓이를 표준화하는 일에는 신경을 쓰지 않았다 ─무는 서로 다른 비옥도를 가진 경작지의 면적 단위로서 지역별로 변화무쌍했지만 제국 차원의 단위로 인정되었다. 그것을 표준화했다면, 재정 자원 추출의 기초 개혁을 위한 대리 척도로 기능할 수도 있었을 것이다(Perkins 1969; Deng and O'Brien 2015). 게다가 지주도, 농부도 국가적 차원에서 필요불급한 것에 대해 대금을 지불할 책임을 피할 수 있었다. 농부는 작물 재배를 늘리고 유기 비료의 투여를 증가시킴으로써 과세 대상 토지의 무당 산출량에서 더 많은 몫을 거두고 차지할 수 있었다. 한편으로 지주는 황제를 대신해 조세 사정과 징수, 수입 할당을 책임진 소규모 지방 소재 관리들과 결탁하여 국가가 지방 신사층(gentry)[2]에게 위임한 권력을 남용할 수 있었다. 황제는 방대하고 이질적 요소로 구성된 제국에 대외 및 내부 안정과 자연 재해로부터의 구제를 제공할 임무를 하늘로부터 위임받았지만 멀리 떨어진 베이징에 있었기 때문이다(Chang 1955; Zelin 1984; Waley-Cohen 2006; Rowe 2009).

---

2 紳士: 제국 시기 중국의 지방 거주 명사(名士)층을 말하는데, 과거 시험을 목적으로 공부하는 사인(士人)이나, 향촌 관리, 퇴직 후 지방에 은거한 선비층 등을 포함하여 말하며, 한국사의 '사대부'에 해당한다.

그에 더해 명·청 양 체제 하에서 지조 부담은 공식적이지만 역시 표준화되지 않은 화폐 단위인 은 냥(銀兩)으로 계속 부과되었다. 중국의 이 "준공식적인" 주화로 구입할 수 있는 킬로칼로리로 매긴 영양소와 노동 시간에 대한 구매력, 아울러 지역에서 대량 유통되던 동전 통화에 대한 구매력은 공간과 시간에 따라 매우 달랐다. 거기에 통화에 구현된 구매력 자체의 불확실성도 덧붙여야 할 것이다(Kuroda 2013). 또한 1800년 이후에는 은 대 구리의 평가 비율이 은에 유리하게 바뀌면서 납세자의 조세 부담이 늘어나기도 했다(Hirzel and Kim 2008; Horesh 2012).

중국의 "화폐를 추적했던" 재정사가들은 단일 조세에 집중했던 중국의 조세 제도가 재정적 필요에 대한 대처를 증진시키려는 의도를 갖고 있지 않았다고 결론지었다. 또 그들은 조세 사정도 조세 징수에 드는 비용이나 조세 회피를 줄이고 그럼으로써 중국 중앙 정부와 지방 통치 기관에게 제국 차원에서 전개되던 공공재의 필요성 증대에 맞추어 할당하기에 충분한 세입을 남겨줄 만큼 충분히 효과적으로 진행되지 않았다는 결론에 이르렀다(Deng 2012). 제1차 아편전쟁(1839-1842년) 이후 재정 체계에 대한 구조 개혁이 논의되었지만, 국가 주권에 대한 장기적이고 대단히 파괴적이며 거의 성공할 뻔한 도전이었던 태평천국의 난(1850-1864년)으로 제국 군대가 병력 수나 재정 면에서 이런 위협에 대처할 수 없을 정도로 불완전하다는 사실이 드러나기 전에는 그런 개혁이 전혀 이루어지지 않았다. 이런 파괴적인 충격을 받아 큰 대가를 치르기 이전 청의 엘리트 계급(광대한 제국의 이민족 통치자로서 일하던)은 자신들이 명으로부터 물려받은 재정 및 금융 체계와 이데올로기의 제약 내에서 정치적으로 신중하고 유교의 원리에 따라 용의주도하게 제국을 통치해 나갔다(Feurwerker 1995; Deng 2012; He 2013).

이를 잘 보여주는 것이 가경제(嘉慶帝)[3] 시기인 1815년에 나온 칙령으로,

---

3 1760-1820년(재위 1796-1820년). 청의 7대 황제로 건륭제의 뒤를 이어 황제가 되었지만, 즉

그것은 이렇게 밝히고 있다. "짐의 왕조는 영원히 지조를 늘리지 않을 것이다. 선조들이 세운 한계 내에서 정식 지조를 징수하며 가뭄과 홍수 동안에는 조세를 감면하거나 공제해 준다. 이는 백성을 위해 국가의 몫을 줄여 백성을 한없이 기쁘게 할 수 있기 때문이다. 백성의 재산을 지키는 것이 왕조를 보존하는 기본이다"(Pines 2012; Kaska 2017).

실제로 가경제 치세의 수십 년 동안 그 정부는 조세 역량을 늘리거나 충분한 자금을 차입하여 대외 안정과 내부 질서에 대한 잠재적이고 예측 가능한 위협에 대응하는 데 적합한 제국 육군 및 해군력을 마련하는 일에 그다지 신경을 쓰지 않았다. 하물며 농업 경제가 인구 압력 및 환경 악화를 겪으며 심화되던 문제들에 대처하는 일에도 마찬가지였다(Leonard 1968; Dunston 1996; Waley-Cohen 2006).

중국사 연구자 중, 관개 체계에 대한 지출 수준의 증가 여부에 좌우되고 생산 가능성 곡선[4]이 수익 감소 지점에 이를 때까지 자연 자원을 이용한 농업 제국에게 닥친 문제가 해결하기에 복잡하고 비용이 많이 드는 것이 결코 아니었다고 주장할 수 있는 이는 없을 것이다(Chao 1986; Crossley et al. 2006). 그러므로 대분기 논쟁에서 검토할 남은 문제는 현실적으로 국가가 활용 가능하다고 할 수 있는 선택지가 무엇이었냐이다. 과연 청 체제가 당시 서구 국가들이 추구한 전략을 따라가기 위해 마련된 정책으로서 그런 선택지들에 관심을 둘 수 있었을까? 서구 국가가 그 당시에는 경로 의존적

위 4년 후까지는 태상황제인 건륭제의 그늘 아래 있다가, 건륭제 사후 일시적으로 황권을 공고히 하여 건륭제 치세 말기의 부정부패와 사치를 타파하기 위해 노력하였다. 그러나 이미 왕조에 대한 이탈 조짐이 커져서 백련교도의 난 등 여러 변란이 발생하여 이를 겨우 진압했지만, 그 후 백성들을 달랠 강력한 후속 조치를 취하지 않아 점차 통제권을 상실해갔다. 그의 치세 속에서 청나라는 점점 쇠퇴의 길로 빠지게 되었다. 아버지의 치세까지 지속되었던 강건성세에 대비하여 그와 그의 아들 도광제(道光帝)의 치세는 연호의 앞 글자를 따 가도중쇠(嘉道中衰)라고 불린다.

4 production possibility frontier(PPF): PPF는, 만약 두 개의 상품이 있고 그 두 상품의 제조가 모두 똑같이 한정된 자원에 의존한다면, 이 2개의 상품에서 생산될 수 있는 가능한 수량을 보여주는 곡선이다. 이 곡선은 경제학에서 중요한 역할을 하는데, 예컨대 그것은 한 나라의 경제가 가능한 최고 수준의 효율성에 이르렀음을 보여줄 수 있다.

이라고 인식되지도 않았고, 그것들이 추구한 정책도 유라시아의 다른 쪽 끝에 있는 제국으로 이전될 수가 전혀 없었는데도 말이다. 아니면 그보다 현실적으로 볼 때 역사적 측면에서 분기의 문제를, 되돌아보면 기본적으로 어쩔 수 없는 일이었다고 변명을 대기 힘든 내부 요인에서 발생한 중국 내부의 쇠퇴 문제로 규정했는가? 중국사 연구자들은 일부 반사실적 고찰의 경우 수행할 가치가 충분히 있다고 본다. 그렇지만 그들은, 구조 변동과 산업화 및 도시화에 기초를 둔 영국이나 네덜란드 혹은 심지어 프랑스식의 경제 성장 모델을 모방했어야 했다는 식의 다른 반사실에 입각한 고찰을 시행착오를 통해 심화된 숙고로 나아가는 방법이긴 하지만 시대착오적인 것으로 치부했으며, 이것은 설득력이 있다(Rowe 2009). 하지만 되돌아보면 제국의 재정 제도, 금융 제도, 화폐 제도에 대한 점진적 개혁의 얼마간 가능성 있는 계획이 없는 한, 청 체제가 경제에 대한 목적의식적이고 적극적인 개입을 위해 고를 선택지의 범위는 재정·금융·제도상의 변모를 이루지 못함으로 인해 심하게 제한되었던 것으로 보인다는 추론을 마음먹고 거부할 이는 거의 없을 것이다(Horesh 2014; Vries 2013, 2015).

청 제국에는 개간을 통해 방대하게 확장된 제국 경계 지역으로 경작지를 넓히고 점점 더 비옥도가 떨어지는 경작지로 물길을 조절하는 데 사용할 재원을 통제하고 동원할 수단이 없었다. 그래서 청은 국가 차원에서 그런 것들에 대한 투자를 거의 하지 않았다. 청은 명말 시기까지도 상당히 작동하여 관개에 입각한 경작지의 질 저하와 운송 및 교역용 수로의 상태 악화를 저지했던 통제력을 사실상 포기했다.

수천 년 동안 중국 농업이 발전하면서, 일자리가 마땅치 않은 잉여 인구가 땅이 비옥하고 기후가 온난하며 편리한 수로가 인접해 있는 농지로 이주하는 것이 수반되었다. 거기에 이 이주민들을 자연 재해와 유목민의 약탈이라는 위험에 맞서 국가가 얼마간 보호해주었다. 인구가 증가하면서 내부 이주의 전망, 상당한 비옥도와 생산성을 가진 수로에 인접한 토지의 개간 및 정착의 전망은 이미 경작되던 비옥한 저지 지대의 광대한 경계 지역 내로 줄어들었다. 그 사이 만주족이 주도하여 건설한 제국으로 통합된 방대한 영토와 하천, 물길, 그 외 다른 자연 자원들의 질과 위치, 접근성은 중국의 온화한 생태환경과 온대 지대의 그보다 생산적인 장소에 오랫동안 정착했다가 옮겨온 이주민들이 볼 때는 경제적 잠재력과 흡인력이 없었다(Millward 1998). 그럼에도 만주 지역의 경우는 이주민을 끌어당기는 상당한 매력 요소를 갖고 있었다(이는 나중에 만주 지역의 토양, 산림, 광물에 대해 일본 제국주의자들이 행한 개발과 현대의 지리학적 조사를 통해 입증된다). 하지만 여러 세대에 걸쳐 중국의 만주족 통치자들은 토지 없는 한족이 자신들의 자원이 풍부한 본고장이나 그에 인접한 몽고 지방으로 대량 이주하여 정착하는 것에 잘해야 마지못해 하며 제한을 두었고 최악의 경우 그런 제한을 등한시했다(Elvin 2004).

청 제국은 또 자기 신민들이 해외로 이주하는 것을 막고자 했고 그들이 제국 경계 밖으로 여행하거나 이주하는 경우 어떤 보호도 제공하지 않았는데, 그 이유가 무엇인지는 명확히 밝혀진 적이 없다(Isett 2007). 그 대신에 청 체제는 관개와 배수, 운송용 수로와 관련해 흔히 좋지 않은 위치에 자리한 유휴지이지만 경작 가능한 지역으로의 내부 이주와 개간, 재정착을 장려하고 심지어 보조금도 지급했다. 얼핏 보아 무제한적인 내부 이주 및 정착 정책에 대한 이런 잘못된 의존은 토지 없는 가난한 노동력 문제가 커지는 것에 대응하여 채택한 비용은 적게 들지만 분별 있고 인간적인 방법인 것처럼 보인다(Deng 2012). 그렇지만 그 결과로 목재와 관목의 무분별한 벌채가 조장되었고 구릉과 산지의 낮은 경사면에서 자라던 초목은 감자와 옥수수, 담배 같은 '신세계'산 환금작물 및 차로 대체되었다(Marks 1998; Elvin 2004, 2012).

그리하여 고지대 산림을 개간함으로써, 그리고 계단식 전답과 간척지, 하향 수로 확보와 유지 목적의 제방에 대한 민간 투자를 사실상 규제하지 않음으로써 청 제국의 경작지 경계는 확장되었다. 불행히도 산림을 없애고 모래와 돌이 많은 땅으로까지 경작지 경계를 넓힌 것은, 농경에 직·간접적으로 종사하는 제국 노동력 대다수의 입장에선 농사에 영향을 주는 외적 요소를 뜻했고 그 결과는 부정적이었다. 그들은 집중호우 시기에는 걷잡을 수 없이 발생하는 홍수에, 그리고 강수량이 적은 때에는 가뭄에 더욱 취약하게 되었다(Dixin and Chengming 2000).

17세기 전체에 걸쳐 중국 농부가 재배한 작물의 생산량은 당시 세계를 덮친 소빙기(小氷期: mini ice age)[5]로부터 부정적인 영향을 겪었다. 이는 당시 세계 전역의 농민들이 다 같이 겪은 일이다(Parker 2013). 하지만 중국에서 이런 일이 일어난 시기는, 물의 흐름을 제대로 여과하지 못하고 충분히 통제하지 않아 자갈과 토사를 막지 못해서 관개 및 배수용 수로가 막히고 내부 교역 및 특화를 위해 이용된 하천 및 수로의 수위가 낮아져 통행이 원활치 않았던 때였다. 이로 인해 물을 공유 자원으로서 같이 쓰던 촌락민과 농부, 정착민, 이주자들 사이에 오래전부터 어디서나 존재하던 긴장 상태가 심화되어 정부의 중재와 조정에 대한 요구가 증가되었다. 무엇보다도 제국의 관개 체계, 배수 체계, 운송 체계의 수리와 보수, 그리고 그에 필요한 순자본 형성을 위한 더욱 높은 수준의 공공 지출 필요성이 커졌

---

5 little ice age: 소빙기는 빙하기가 아닌데도 상당히 추운 기후가 장기간에 걸쳐 지속되는 시기를 가리키는 말로, 400년경에 시작해 900년경에 끝난 고대 후기 소빙하기, 중세와 근대 사이인 13세기 초부터 17세기 후반까지 지속된 중세 후기 소빙하기 등이 있다. 전자의 경우 유럽의 게르만족의 대이동을 촉발했다고 하며, 후자의 경우는 인류 역사에 보다 장기적인 영향을 끼친 것으로 보고 있다. 특히 13세기 초부터 시작된 소빙기로 인해 몽고족의 정복 활동이 시작되어 유라시아를 가로지르는 몽고 제국의 형성으로 결과했다고 하며, 17세기에는 유럽인의 대양 활동을 촉발하고 아시아에서도 사회·변동을 일으키는 계기가 되었다고 한다. 근대 초기 소빙기는 대분기와 관련해서만이 아니라 인류 역사의 흐름 전체와 관련해 여전히 중요한 논란의 대상이며, 환경사의 오래된 주제이기도 하다. 원인으로는 태양 흑점의 활동이나 화산 활동 등을 들고 있으며, 앞으로 2030년대에 다시 소빙기가 올 것이라는 예측도 나와 있다. 이런 견해에 따르면 소빙기 사이의 온화한 시기는 인류 여러 문명의 팽창기에 해당하며 수백 년간 지속되는 소빙기는 인류 문명의 수축기에 해당한다. 또한 오늘날 인간 활동의 결과로 나타나는 지구 환경 변화에 대한 인식이 강화되면서, 소빙기 역시 사실은 자연적인 결과만큼이나 인간 활동의 영향이 크다는 주장도 제시되고 있다.

다. 이는 경작지 경계의 확장을 통해 그런 체계들에 가해지는 압력에 대처하면서 증가하는 인구에 대한 식량 안정성을 유지하려면 꼭 필요한 것이었다(Buroye 2000).

전(前)근대적인 유기적 경제와 사회가 이민족 체제의 국가 접수 상황에 대처하고 적응해간 보기 드물게 길고 성공적인 역사 과정 이후에, 그 사회에서 발생하는 수익이 감소하는 정도가 가속화되기 시작했다. 그럼에도 청 제국은 전통적인 불간섭주의 이데올로기와 농업에 기초를 둔 농본주의 발전 전략을 유지했지만, 여러 세기 동안 제국에 큰 기여를 했던 이 전략은 인구 성장이 가속화하는 이 시기에는 유지하기가 점점 더 힘들게 되었다(Spence and Mills 1979). 역사적 견지에서 본다면, 제국이 그 이전에 오랫동안 거두었던 경제적 성공은 운 좋게 확보한 다양한 자연 자원과 함께, 제국 전역에 펼쳐진 광대한 시장의 존재에서 나온 것임을 알 수 있다. 특히 이런 시장이 스미스적 성장의 농업적 형태에 가까운 경제 과정으로부터 이익을 얻는 것을 중국의 정치 체제나 소유권 형태, 혹은 문화가 크게 방해하지 않았다(Rawski and Li 1992). 중국경제사에 대한 이런 낙관적인 시각은 서구와의 분기 문제에 깊이 매달리는 것이 충분히 시대착오적인 비교일 수도 있음을 인정하게 함으로써, 서구와의 비교에 기초하여 청 체제가 추구한 정치경제를 비판하는 것을 자제해야 한다는 의미를 지닌다. 포메란츠가 최근 인정했듯이, 심지어 중국에서 가장 선진적인 지역(장난)의 경우에도 서구적 기준의 기술을 발명하고 이를 확산하여 유럽적 방식으로 수렴할 가능성의 전망은 요원한 것이었다(Pomeranz 2006, 2011).

게다가 유럽의 경우에도 18세기 말에야 프랑스에서 혼인에 의한 출산을 조절하기 시작했기에, 청 체제가 인구 조절 정책을 펴기를 기대하기는 어렵다. 그러므로 1683년 청 체제가 중국 대륙에 대한 장악을 확고히 한 이후, 혹은 더 현실적으로 말해서 18세기의 군사 활동으로 유목민에 대한 내부 경계의 안정이 확보된 이후, 농업을 한층 더 발전시키기 위해 청 체제가 추구했을 수도 있다고 생각되는 전략은 국가의 재정·금융·화폐 제도에 대한 근본적인 개혁을 이루는 것뿐이었을 것이다(Kuroda 2013).

그리고 그러한 개혁에는 정확한 지적측량(地籍測量)에 기초한 지조 제도의 개선과 조세 사정 및 징수를 위한 관료 조직의 확대가 포함되었을 것이며, 이를 보완하여 조세의 범위를 확대하여 공업 및 서비스 부문에도 적용하게 되었을 것이다. 하지만 1850-1865년 동안 피할 수 있었던 태평천국의 난이 발생하여 나라를 거의 와해 직전까지 몰고 간 이후까지도 이런 정책들이 조금도 고려되지 않았다. 이런 개혁들을 통해 마음대로 활용할 수 있는 충분한 세입을 확보했다면, 뒤에 이어지는 청 정부들은 방대한 영토 전역에 걸쳐 이민족 통치 하의 제국의 신민으로 살아가던 이질적인 사회 집단들 사이에서 내부 질서를 유지하는 데 필요한 규모와 효율성을 지닌 군을 보유하고 통제할 수 있었을 것이다(Deng 2012).

그에 더해 늘어난 세입 흐름에 더 많이 접근할 수 있었다면(이 문제는 청대의 고위 관리들 사이에서 자주 논의되었다), 국가가 인력을 충원하여 교육하고 제국의 자연 및 인공 수로 체계의 수리·보수·확장이라는 긴요한 일에 단연 더 효과적으로 대응하기 위한 제도를 만들고 재원을 동원하는 것이 가능했을 것이다. 생태환경에 기반을 둔 특화 과정에서 얻은 수익의 기초는 여러 세기 동안 관개와 배수용 수자원 그리고 식량 및 유기 원자재의 수송용 수로에 대한 접근 및 통제에 크게 의존했다. 수자원 관리가 지역간 및 지역내 비교우위의 발전을 결정했고, 역사적으로 볼 때 그 안에서 중국의 광대한 자유무역지대가 작동했다. 그러므로 거시경제적 측면에서 국가가 해야 할 핵심적인 임무가 있는데, 이것을 유럽 중심적이라고 하거나 생각조차 할 수 없는 것으로 치부해 버릴 수는 없다는 점에서, 중국 제국의 역할을 비판적으로 보는 시각은 우리에게 많은 것을 알려주었다(Tvedt 2010).

비록 (최근 환경사 부문의 연구 성과들이 제시했듯이) 그 무렵 청 체제가 제국에 대한 주권을 확고히 하고 자신의 경계를 확장했다는 것이 사실이더라도, 청 체제가 직면하고 있던 것은 인구 성장의 가속화만이 아니었다. 수자원에 대한 접근 및 통제를 위한 자본 축적량이 악화되면서 불리한 자연력이 청 체제에 가하는 압력도 격화되고 있었다(Perdue 1982; Will 1985). 게다가 하천 과 지류, 운하, 도랑, 제방, 간척지를 상호 연결하여 이루어진 복잡한 수리 체계를 조정하고 운영하기 위해 오래전에 마련된 중국의 제도들은 (비트포겔 [Wittfogel]에게는 죄송한 일이지만[6]) "동양적 전제군주체제(Oriental despotism)"라는 표현이 무색할 만큼 중앙의 통제와 동떨어져 있었다.

그런 표현과는 반대로, 식량 및 원료의 내부 무역을 위해 이용된 수로 와 관개 및 배수용 기반시설에 대한 궁극적인 주권이 멀리 떨어진 베이징 에서 나오는 국가의 통제와 지휘 하에 있었지만, 수자원의 이동 및 분배를 위한 도관의 일상적 작동과 아울러 이 도관의 수리·보수·연장은 사실상 신사층이 지배하는 지방 당국(촌과 관개 시설을 공유하는 공동체들)에 위임되어 있 었다(Zelin et al. 2004; Deng 2012). 중국의 지방 농업사를 연구하는 학자들은 공동 자원을 조정하고 운영하는 데서 발생하는 예측 가능한 문제들로 점철 되었던 이런 체제의 비효율성을 보여주었다. 그런 문제들에는 다양한 종류 의 부패만이 아니라 도덕적 해이와 무임승차 행위도 포함되었고, 무엇보 다도 수없이 산재하고 있던 국가의 대리인이 이기적인데다가 지방 권력까 지 지녔다는 맥락에서 '본인-대리인 문제'[7]도 발생하고 있었다(Leonard and

---

6 비트포겔(Karl A. Wittfogel: 1896-1988)은 독일 출신의 역사학자, 중국학 연구자로서, 독일 공산당원이었다가 나찌 집권 이후 미국으로 망명하여 반공주의로 전향하고 '프랑크푸르트 학파'의 일원이 되었다. 그는 대표작인 『동양적 전제군주체제(*Oriental despotism*)』에서, 농 업이 지배적인 동양(특히 중국)에서는 치수 문제가 핵심에 있으며 그 사회를 유지하기 위해 서는 치수 체계를 지배하는 전제적 권력이 등장할 수밖에 없다고 주장하고, 이를 '동양적 전 제군주체제'라고 불렀다. 이런 그의 동양(특히 중국)에 대한 시각은 마르크스주의자로서 칼 마르크스의 영향을 받고 있으며, 극심한 '유럽 중심주의'를 드러냈다고 할 수 있다. 다른 저명 한 중국학 연구자들인 페어뱅크나 프레드릭 모트 같은 중국사 연구자들은 중국의 역사적 사 실이 이와 전혀 맞지 않다는 이유로 즉각 이 개념에 반대했지만, 한편으로 배링턴 무어와 게 오르그 리히트하임 같은 저명한 다른 사회과학자들은 사회의 일반적 발전 과정을 설명하기 위해 흔히 이 개념을 활용했다.

7 principal-agent problems: 본인-대리인 문제는 1976년 하버드 경영대학원의 마이클 젠슨 (Michael C. Jensen)과 로체스터대학교의 윌리엄 멕클링(William Meckling)이 처음 제기한

Watts 1992; Park 1997). 대리인에 비해 본인(국가를 대신하여 점점 더 넓어지고 인구가 늘어나는 경지 전체에 걸쳐 수자원의 통제 및 분배 시설망을 조절할 책임을 맡고 있었다)은 수가 적고 멀리 떨어진 곳에 위치하고 있었던 것이다(Schram 1985). 본인의 전통적인 역할은 오래전부터 정부 통제의 검수 및 감시자로서 활동하고, 지방 당국 및 신사층에게 조언하는 조언자에 머물며 개인 농지로 들고나는 수자원 분배 및 공유 도관의 보존과 관련한 갈등의 중재자로서 일하는 것이었다. 하지만 청대에 제국은 확장되었지만 마음대로 쓸 수 있는 세입은 충분치 않고 늘어나던 토지 없는 가구의 정착에 우선권을 부여할 필요성을 안고 있는 상태에서, 농업 기반시설에 대한 책임의 부담이 증가했다. 이런 부담을 지고 있던 그들은 공식적인 통제 계통에서 핵심 고리였지만, 힘과 생태·환경적 악화를 저지하려는 동기를 제한적으로만 갖고 있었고 그조차도 줄어들고 있었다(Elvin 2004, 2010).

불행히도, 역사가들은 제국 말기, 즉 명말과 청대 중국에서 농업 생산 및 교역을 위한 수로 및 육로 기반시설에 대해 이루어진 공공 및 민간 투자상의 장기적인 흐름을 가늠하는 데 필요한 통계학적 증거를 결코 모으지 못할 것이다. 이와 관련하여 피에르 에티엔 비유(Pierre Etienne Will)가 흥미로운 주장을 했다. 제국이 가졌던 대규모의 극적인 수자원 통제 프로젝트의 가능성이 고갈되었고, 그런 문제가 커져서 오래전부터 확립된 체제를 어떻게 보존·유지하고 임시방편을 통해 연장할 것인가라는 문제로 되었다는 것이다(Will 1985). 제국의 정치적·사회적·경제적 체제가 일상적 기

것으로 본인과 대리인 사이에서 정보 비대칭 때문에 발생하는 문제를 말한다. 개인 또는 집단이 의사 결정 과정을 다른 사람에게 위임할 때 대리인 관계가 성립된다. 대리인 관계가 성공적으로 유지되기 위해서는 주인이 대리인에게 적절한 보상을 지급해야 하고, 대리인의 노력으로 인한 경제적 결과를 정확히 평가할 수 있어야 한다. 그러나 대부분의 대리인 관계는 불확실한 미래 상황을 대상으로 할 뿐만 아니라, 주인이 대리인을 완벽하게 감시한다는 것은 현실적으로 불가능하다. 여기서 정보 비대칭 문제가 발생하고, 대리인은 자기 나름대로의 이해관계를 가지기 때문에 주인의 이해관계에 반하는 행동을 할 수 있다. 이로 인해 역선택의 문제, 도덕적 해이, 무임승차자 문제 등이 발생한다. 본인-대리인 문제는 모든 계약 관계에서 나타날 수 있으며, 그 대표적인 예로 전문경영인과 주주의 관계를 들 수 있다.

초에서 자연과 충돌하던 역사상 바로 그 시점에, 청 체제는 국가 구조상의 틀과 제도적 틀을 개혁할 자신의 책임에 응하는 데 신경을 쓰지 않았던 것 같다. 그러한 개혁들은 식량 및 유기 원자재의 생산량을 일정 수준으로 유지하고 가능하다면 증가시키는 데 필요한 것이었다. 이런 생산량 수준의 유지 혹은 증가를 이루었다면, 제국이 순자본 형성과 관개 및 운송용 수자원 운영의 개선에 기초해 훨씬 더 높은 수준의 농업 생산성과 역내 무역을 이룰 수 있는 잠재력을 살릴 수 있었을 것이고, 그럼으로써 중국을 근대적 경제 성장으로 향할 가능성이 더 많은 궤적 위에 올릴 수도 있었다고 생각된다.

캘리포니아 학파가, 유럽인들이 전통적으로 보여준 잘난 체하며 중국 제국의 역사에 훈수를 두는 듯한 태도를 지하 서고로 몰아넣은 것은 충분히 인정할 만하다. 하지만 청 국가가, 그리고 얼마간 그 이전이지만 그만큼 심각하지는 않게 명말의 국가가 결국 다음을 이루지 못한 것은 분명하다. 즉, 그 국가들은 육군 및 해군 군사력을 충분히 유지하고 근대화하지 못하여, 오래전에 확립되어 스미스적 성장으로 촉진된 농업 발전 패턴을 뒷받침하는 데 필요한 지속적인 대외 안정이나 내부 질서, 혹은 사회간접자본을 자신의 신민들에게 제공할 수 없었던 것이다. 그런 패턴은 수천 년 동안 중국이 가진 비옥한 땅의 경계를 확장하는 것에 의존했다. 그리고 이것은 농사를 위한 관개와 아울러 식량, 직물, 연료, 목재, 제조 상품의 교역에 필요한 하천 운송용 수로의 운용과 관련되고 조화를 이루었다. 이에 힘입어 주민들은 제국의 경계 내에서 그리고 동시에 극히 제한적이었지만 제국의 경계 밖에서도 무역과 생태환경에 기초를 둔 특화를 통해 이익을 거둘 수 있었던 것이다(Elvin 2000).

중국이 오랫동안 지녔던 세계에서 가장 크고 가장 선진적인 유기적 경제라는 지위는 17세기에 나타난 인구 압력에 직면하여 무너지기 시작했다(Li 2007). 공식 추정치를 켄트 등(Kent Deng)이 수정하여 제시한 수치에 따르면, 중국의 인구는 12세기 무렵 1억 명에 이를 정도로 늘어났다가 몽고의 정복 및 통치 시기 동안에 그 수준의 60 퍼센트 정도까지 급락했지만, 이 3세기 동안에 대략 일정한 수준을 유지했다고 할 수 있다. 그 이후 중국 인구는 다시 극적으로 상승하기 시작하여 1850년 무렵에는 4억 명을 넘는 수준에 이르렀다(Deng 2004). 비록 제국 시기 중국의 역사를 연구하는 학자들이 수정된 인구 추정치에서 보이는 차이에 대해 여전히 우려를 표시하지만, 인구의 자연증가율 상에 확연하고 지속적인 단절이 발생했다는 데는 의견이 일치하고 있다. 그리고 이런 단절은 17세기 말 이민족 왕조 청이 제국의 정치적 안정을 확고히 한 것과 동시에 일어났다.

정치적으로 안정되면서 내부적으로 평화가 도래했고 경제도 회복되었다. 이에 힘입어 명·청 교체의 혼란기 동안 버려졌던 토지의 경작이 재개될 수 있었을 뿐 아니라, 새로운 청 체제는 명 시기의 북부 및 서부 경계를 훨씬 넘어서 군사적인 팽창 전략을 추구할 수 있게 되었다(Perdue 2005). 청의 국경 방어 및 확장 전략으로 중국은 장래에 있을 수도 있던 중앙아시아 스텝 지대 유목민 부족의 공격 및 약탈로부터 안전하게 되었다. 그리고 중국의 영토는 2배 이상 늘어났고 경작할 수 있는 농지 면적도 늘어났다. 새로운 체제는 인구가 급속히 증가하면서 일인당 경작지 비율이 심각하게 하락하여 발생한 압력 하에서 얼핏 보아도 생활 수준이 나빠지고 있는 상황에 대처했던 것이다. 앞서 나가던 유기적 경제가 식량 공급의 안정을 위해 필요한 수준 위로 성장률을 늘리는 것은 고사하고 유지하기 위해서라도 택할 수 있는 선택지는 당시 서유럽이 택하여 그 주민 대다수에게 영향을 주던 것들에 비하면 훨씬 더 제한적이었다. 중국이 택할 수 있는 것에는, 만주 지역과 몽고 지역, 쓰촨(四川), 후난(湖南), 안후이(安徽), 그 외 인구 밀도가 낮은 새로 편입된 영토로 토지 없는 가구들을 재정착시키는 것이 포함되었다. 이런 새로 편입된 영토가 청 제국 경제로 통합되는 과정은 결코 빠르지 않았다(Patterson 2006). 비록 청 체제는 자신의 본거지와 그에 인접한 몽고 지역의 개발되지 않은 토지와 산림, 광물을 무제한 이주에 개방하는 것을 얼마간 주저하기도 했지만, 그럼에도 그것은 해외 이주를 적극적으로 막으면서 제국 내에서 진행되는 내부 이주를 조장하고 얼마 안 되기는 했지만 보조금도 지급했다(Isett 2007).

특정 지역에 인구가 집중되는 양상은 1850년 이전에 바뀌었지만, 그럼에도 제국의 인구 밀도가 희박한 저개발 지역으로 향하는 내부 이주의 규모가 컸다는 점이 중국의 인구 밀도가 높은 지역의 과잉 가구들에게 효과적인 안전판으로 작동한 것은 아니었다. 제국의 새로 편입된 저개발 지역으로의 이주를 자극하는 유인 요소가 충분히 강력하지는 않았던 것 같다. 또한 통제 가능한 관개와 운송, 무역용 수로의 공급이 원활치 않은 지역에 위치한 그다지 비옥하지 않은 땅으로 경작지를 확장하려면 이를 보완하기 위한 기반시설의 구축이 필요했는데, 국가 지출을 통해 이에 드는 자금을 메우지도 못한 것 같다(Crossely et al. 2006; Millward 1998).

대부분의 중국인들은 제국의 기존 중심지 내에 머물며 가족농으로 일하기를 선택했다. 가족농 속에서 그들은 자신의 통제 하에 있는 토지, 노동, 수자원으로 생산량을 증가시킬 가능성이 어떠하든 집약적으로 노동을 투입함으로써 그 가능성을 실현시켰다. 매년 재배하는 작물의 수와 다양성을 늘리고, 더 많은 비료를 땅에 뿌리고, 남는 노동 시간을 실을 뽑아 면직물과 모시, 견직물을 짜는 데 할애하고, 그렇게 얻은 상품으로 지방 상거래와 지역간 무역, 대외무역에 참여하려면 집약적인 노동 투입이 필요했던 것이다. 1650년 이후 약 200년 동안 국가가 공급하고 집행하며 조정하는 기반시설 투자의 도움이 극히 한정된 상황에서도, 중국의 소농층은 제국 인구 규모의 엄청난 증가를 견디어 낼 수 있었다. 게다가 1973년의 고전적인 저작에서 마크 엘빈이 밝혔듯이, 청 왕조가 제국에 대한 통치를 확고히 하기 오래전에 생산 가능성이 한계에 이르러 중국의 농민들을 "고도의 평형상태 트랩"으로 가둔 상황 속에서, 중국의 소농층은 충분한 제국 경작지의 확대나 대량 내부 이주 혹은 기술적 변화가 없이도 그런 위업을 달성했던 것 같다(Elvin 1973; Feurwerker 1976; Deng 1999, 2012).

| 참고문헌 |

American Historical Review (2002), 107 (2), Forum on "Political economy and ecology on the eve of industrialization: Europe, China and the global conjuncture".

Andrade, T. (2016), *The gunpowder age: China's military innovation and the rise of the west in world history*, Princeton: Princeton Univ. Press.

Brandt, L., & Rawski, T. (eds.) (2008), *China's great economic transformation*, Cambridge: Cambridge Univ. Press.

Brook, T. (2005), *The Chinese state in Ming society*, London: Routledge.

Brook, T. (2010), *The Troubled Empire: China in the Yuan and Ming dynasties*, Cambridge. Mass.: Harvard Univ. Press.

Buoye, T. (2000), *Manslaughter, markets and moral economy: Violent disputes over prosperity rights in eighteenth century China*, Cambridge: Cambridge Univ. Press.

Chang, C.L. (1955), *The Chinese gentry: Their rule in 19th century Chinese society*, Seattle: Univ. of Washington Press.

Chao, K. (1986), *Man and land in Chinese history*, Stanford: Stanford Univ. Press.

Crossley, P.K., Siu, H.F., & Sutton, D.S. (eds.) (2006), *Empire at the margins: Culture, frontier and ethnicity in ealry-modern China*, Berkeley: Univ. of California Press.

Deng, G. (1999), *The pre-modern Chinese economy: Structural equilibrium and capitalist sterility*, London: Routledge.

Deng, K. (2004), "Unveiling China's true population statistics for the pre-modern era with official census data", *Population Review* 43 (2). 32-69.

Deng, K. (2012), *China's political economy in Modern Times: Changes and economic consequences 1800-2000*, Abingdon: Routledge.

Deng, K., & O'Brien P. (2015), "Nutritional standards of living in England and the Yangtze Delta Area circa 1644-circa 1840", *Journal of World History* 26 (2), 233-267.

Dixin, X., & Chengming, W. (eds.) (2000), *Chinese capitalism 1522–1840*, London: Palgrave Macmillan.

Duchesne, R. (2011), *The uniqueness of western civilization*, Leiden: Brill.

Dunston, H. (1996), *Conflicting counsels to confuse the age: A documentary history of political economy in Qing China 1644–1840*, Ann Arbor: Univ. of Michigan Press.

Elliott, M. (2001), *The Manchu way: The eight banners and ethnic identity in late imperial China*, Stanford: Stanford Univ. Press.

Elvin, M. (1973), *The pattern of the Chinese past: A social and economic interpretation*, Stanford: Stanford Univ. Press.

Elvin, M. (2004), *The retreat of the elephants: An environmental history of China*, New Haven: Yale Univ. Press.

Elvin, M. (2010), "The environmental impasse in late imperial China", in B. Womack (ed.), *China's rise in historical perspective*, Lanham: Rowman & Littlefield.

Feurwerker, A. (1973), "Questions about China's early modern history that I wish I could answer", *Journal of Asian Studies* 51 (4), 757–769.

Feurwerker, A. (1976), *State and society in eighteenth century China*, Ann Arbor: Univ. of Michigan Press.

Feurwerker, A. (1995), *Studies in the economics of late imperial China*, Ann Arbor: Univ. of Michigan Press.

Goody, J. (2010), *The Eurasian Miracle*, Cambridge: Polity Press.

Gray, J. (2002), *Rebellions and revolutions: China from the 1800s to 2000*, Oxford: Oxford Univ. Press.

Guy, R, Kent (2010), *The Qing governors and their provinces: The evolution of territorial government in China*, Seattle: Univ. of Washinton Press.

He, W. (2013), *Paths towards the modern fiscal state*, Cambridge, Mass.: Harvard Univ. Press.

Hirzel, T., & Kim, N. (eds.) (2008), *Metals, monies and markets in early modern societies: East Asian and global perspective*, Berlin: LIT Verlag Münster.

Horesh, N. (2012, 2014), *Chinese money in global context: Historical junctures between 600 BCE and 2012*, Stanford: Stanford Univ. Press.

Isett, C. (2007), *State, peasant and merchant in Qing Manchuria 1644–1862*, Stanford: Stanford Univ. Press.

Karaman, K., & Pamuk, S. (2010), "Ottoman state finances in European perspective 1500–1914", *Journal of Economic History* 70 (3), 593–629.

Kaska, E. (2017), "Crisis and austerity in Qing government finances in late eighteenth and early nineteenth century China", Unpublished paper, Univ. of Leipzig.

Kuroda, A. (2013), "What was the silver teal system? A mistake of China as a silver standard country", in G. Depeyrot (ed.), *Three conferences on International monetary history*, Wetteren: Moneta.

Lonard, J. (1968), *Controlling from afar: The Daoguang Emperors' management of the grand canal crisis 1824–1826*, Ann Arbor: Univ. of Michigan Press.

Leonard, J., & Watts, J. (eds.) (1992), *To achieve security and wealth: The Qing Imperial State and the economy 1644–1911*, Ithaca: Cornell Univ. Press.

Li, L. (2007), *Fighting famine in North China: State, market and environmental decline*, Stanford: Stanford Univ. Press.

Liu, G.L. (2005), *Wrestling for power: The state and the economy in later imperial China, 1000–1700*, Cambridge, Mass.: Harvard Univ. Press.

Ma, D. (2013), "State capacity and the great divergence, the case of Qing China(1644–1911)", *Eurasian Geography and Economics* 54 (5–6), 484–499.

Marks, R. (1998), *Tigers, rice, silk and salt: Environment and economy in late imperial South China*, Cambridge: Cambridge Univ. Press.

Marks, R. (2012), *China: Its environment and history*, New York: Rowman & Littlefield.

Millward, J. (1998), *Beyond the pass: Economy, ethnicity, and empire in Qing Central Asia 1759–1864*, Stanford: Stanford Univ. Press.

O'Brien, P. (2014), "The formation of states and transitions to modern economies: England, Europe and Asia compared", in L. Neal & J. Williamson (eds.), *The rise of capitalism from ancient origins to 1848*, vol. 1 of *The cambridge history of capitalism*, Cambridge: Cambridge Univ. Press.

Park, N. (1997), "Corruption in eighteenth century China", *Journal of Asian Studies* 56 (4), 967–1005.

Parker, G. (2013), *General crisis: War, climate change and catastrophe in the seventeenth century*, New Haven: Yale Univ. Press.

Patterson, G. (2006), *Asian borderlands: The transformation of Qing China's Yunnan frontier*, Cambridge, Mass.: Harvard Univ. Press.

Perdue, P. (1982), "Water control in the Dongting lake region during the Ming and Qing periods", *Journal of Asian Studies* 41 (4), 747–765.

Perdue, P. (2005), *China marches west: The Qing conquest of central Eurasia*, Cambridge, Mass.: Belknap Pree of Harvard Univ. Press.

Perkins, D. (1969), *Agricultural development in China 1368–1968*, Chicago: Aldine Publishing.

Perterson, W. (ed.) (2002), *The Cambridge history of China*, vol. 9: *The Ch'ing Dynasty to 1800*, Cambridge: Cambridge Univ. Press.

Peyefitte, A. (1992), *The immobile empire*, New York: Knopf.

Pines, Y. (2012), *The everlasting empire: The political cult of ancient China and its imperial legacy*, Oxford: Oxford Univ. Press.

Pomeranz, K. (2000), *The great divergence: China, Europe and the making of the modern world economy*, Princeton: Princeton Univ. Press.

Pomeranz, K. (2006), "Without Coal? Colonies? Calculus?: Counterfactuals and industrialization in Europe and China", in R. Lebow et al. (eds.), *Unmaking the West: "What-if?" scenarios that rewrite world history*, Ann Arbor: Univ. of Michigan Press.

Pomeranz, K. (2011), "Ten years after: Responses and Reconsiderations", *Historically Speaking* 12 (4), 20–25.

Rawski, T., & Li, L. (eds.) (1992), *Chinese history in economic perspective*,

Berkeley: Univ. of California Press.

Rosenthal, J.-L., & Wong, R.B. (2011), *Before and beyond divergence: The politics of economic change in China and Europe*, Cambridge, Mass.: Harvard Univ. Press.

Rowe, W. (2009), *China's last empire: The great Qing*, Cambridge, Mass.: The Belknap Press of Harvard Univ. Press.

Schram, S. (ed.) (1985), *The scope of state power in China*, Hongkong: The Chinese Univ. of Hongkong Press.

Smith, P., & von Glahn, R. (eds.) (2003), *The Song–Yuan–Ming transition in Chinese history*, Cambridge, Mass.: Harvard University Asia Center.

Spence, J., & Wills, J. (eds.) (1979), *From Ming to Ch'ing: Conquest, region, and continuity in seventeenth century China*, New Haven: Yale Univ. Press.

Struve, L. (ed.) (2004), *The Qing formation in world historical time*, Cambridge, Mass.: Harvard University Asia Center.

Tanimoto, M., & Wong, R.B. (eds.) (2019), *Public goods provision in the early modern economy: Comparative perspectives from Japan, China and Europe*, Oakland: Univ. of California Press.

Tvedt, T. (2010), "Why England not China and India? Water systems and the history of the industrial revolution", *Journal of Global History* 5 (1), 29–50.

Vries, P. (2013), *Escaping poverty. The origins of modern economic growth*, Vienna: Vienna Univ. Press.

Vries, P. (2015), *State, economy and the great divergence: Great Britain and China 1680s–1850s*, London: Bloomsbury.

Waley-Cohen, J. (1999), *The sextants of Beijing. Global currents in Chinese history*, New York: W.W. Norton.

Waley-Cohen, J. (2006), *The culture of war in China: Empire and the military under the Qing dynasty*, London: I.B. Tauris.

Wang, Y. (1973), *Land taxation in imperial China, 1750–1911*, Cambridge, Mass.: Harvard Univ. Press.

Will, P.-E. (1985), "State intervention in the administration of a hydraulic infrastructure: The example of Hubei Province in late imperial times", in S.R. Schram (ed.), *The scope of state power in China*, Hong Kong: The Chinese Univ. of Hong Kong Press.

Wong, R.B. (1997), *China transformed: Historical change and the limits of European experience*, Ithaca: Cornell Univ. Press.

Yun-Casalilla, B., & O'Brien, P. (eds.) (2012), *The rise of fiscal states: A global history 1500–1914*, Cambridge: Cambridge Univ. Press.

Zelin, M. (1984), *The magistrates' tael: Rationalizing fiscal reform in eighteenth century Ch'ing China*, Berkeley: Univ. of California Press.

Zelin, M., Ocko, J.K., & Gardella, R. (eds.) (2004), *Contract and property in early modern China*, Stanford: Stanford Univ. Press.

Zhao, G. (1977), *The development of cotton textile production in China*, Cambridge, Mass.: Harvard University Asia Center.

Zurndorfer (2009), "China and science on the eve of the 'great divergence' 1600–1800", *History of Technology* 29, 81–102.

Chapter 5

유럽과 중국 경제성장의 중국에 중심을 둔 상호 비교: 1650-1850년

| 요약 |

　서유럽과 제국 시기 중국 사이에 대분기가 언제 발생했는지를 가장 실제에 맞게 특정한다면 아마도 1644년과 1846년 사이 약 200년 정도로 정하는 것이 가장 타당할 것이다. 이 시기에 서유럽의 몇몇 지역과 나라에서, 근대적 경제 성장으로의 이행기에 뚜렷이 나타나는 흔한 특징으로 경제 구조 변동과 도시화, 기술 진보, 국가 형성이 이루어졌기 때문이다. 명대 중국에서는 규모와 범위 면에서 그와 비견되는 어떤 것도 나타나지 않았으며, 청대 중국의 경우 서유럽과 비교될 수 있는 것들이 규모와 범위 면에서 중요하게 등장한 적이 없었다. 청대 중국에서 제국이 직면한 문제는 빠르게 늘어나는 인구에 맞춰 생활 수준을 어떻게 유지할 것인가였다. 이 장에서는 유럽 경제가 인구 변화의 도전에 더 효과적이고 효율적으로 대응할 수 있었던 원인을 설명하기 위해 제시된 일군의 중국 중심적인 분석과 설명들이 여러 이유로 유럽 경제사만큼이나 불완전하고 부적절하다는 것이 여러 참고 사항에 근거하여 세밀하게 제시될 것이다.

| 주제어 |

　인구 성장, 다각적인 대서양 무역, 노예제, 착취, 지금, 석탄 및 에너지 공급 체계, 농업 진보, 면직물, 도시 집적과 네트워크, 전쟁과 중상주의 경쟁 시행착오를 거치며 장기간에 걸쳐 전개된 자극적인 논쟁 이후, 20년간에 걸쳐 간행된 대분기와 관련한 여러 논저에서 우리는 한 가지 중요한 결론을 얻게 되었다. 즉, 서유럽이 중국으로 수렴되고 결국 그것을 추월하는 일이 있었든 없었든, 거대한 중국 제국을 세계에서 가장 선진적인 유기적 경제의 지위로 이끌어온 정치적·지정학적·경제적 정책 및 제도들이 중국 경제를 그를 넘어서 구조 변동에까지 이르게 할 가능성은 그리 높지 않았다는 것이다. 게다가 식량 안정에 필요한 수준을 아주 조금 넘는 정도였던 생활 수준을 유지하기 위해서는 중국 주민들에게 대외 안정과 내부 질서, 일자리를 제공하는 것이 필요했는데, 인구 성장의 가속화에 맞서던 제국 통치자와 그들이 보호한 부유한 신사층에게는 이를 수행할 역량이 여전히 없었다.

　　그런데 캘리포니아 학파와 그 추종자들은 명말에 등장한 내생적인 경제 문제를 경시하여 주목하지 않는 경향이 있었고, 이 때문에 그들이 내놓은 대분기에 대한 분석적 설명들은 이제 사실상 여러 논란의 대상이 되고 있다. 특히 그 내생적인 경제 문제란 것이, 비옥한 토지와 통제 가능한 수자원의 부족 현상이 점점 더 심화되면서 중국 농업이 마주치게 된 것이었기에 더욱 그렇다. 캘리포니아 학파와 그를 따르는 이들의 저술은, 명대 상업과 농촌 공업이 큰 성과를 올린 것과 만주족의 군대가 여러 세기 동안 유목민의 위협을 받았던 제국의 영토 경계를 확장하여 안전을 도모하는 데 지정학적으로 성공을 거둔 것에 주의를 집중하고 있다. 물론 이런 중요한 변화가 모두 일어났지만, 그 시기에는 중국의 전체 인구수가 추정치에 따라 4배 혹은 8배로 늘어난 것으로 여겨지며, 1850년 무렵에는 그 수가 4억 5,000만 명을 넘어서기에 이르렀다고 본다. 나라마다 그리고 시간별로 다양한 주기를 갖고 있지만, 서유럽 사회 대부분도 17·18세기 전체에 걸쳐 인구 압력을 겪었다. 그러나 대부분의 추정치가 제시하는 자연증가율에 따르면, 서유럽이 겪은 인구 압력은 현재 중국에 대해 발표된 수치를 논란을 참작하여 넓게 고려해 보아도 중국보다 크게 낮았던 것 같다(Lee and Wang 1999; Deng 2004).

포메란츠와 캘리포니아 학파는, 이미 앞서 나가던 유기적 경제가 수자원을 통제하는 문제에 대처하면서 직면한 도전의 규모와 범위가 서유럽의 강우(降雨)에만 의존하는 농업이 직면한 것보다 더 복잡하고 처리 비용도 더 많이 들 수 있었음을 분명 인식하지 못했다. 게다가 또 그들은 서유럽의 도시화하고 산업화하는 지역 및 경제와 대륙의 생태·환경적으로 다른 지역에 위치한 곡물, 어류, 목재, 광석, 역청, 타르, 아마, 삼, 와인, 올리브 같은 일차 산물 생산지 사이에 수행되는 유럽 역내 해상 무역의 전망과 가능성이 전혀 고갈되지 않았고, 19세기 말까지는 그것이 아메리카산 산물의 수입으로 전혀 대체되지 않았다는 점도 분명 알고 있다. 그들은 서유럽인이 남아메리카에서 빼앗은 지금을 차, 실크, 도자기 등 이런 저런 상품들과 교환해 중국 및 인도로 운반하고 이어서 이렇게 확보한 동양 산물을 (아메리카산 은과 카리브해산 설탕과 함께) 동유럽의 일차 산물과 교환한 다각적 무역을 통해, 발트해 지역과 러시아로부터 유기 원자재와 목재, 광물을 수입할 수 있는 힘을 갖게 되었다고 주장했다(Frank 1998; Hobson 2004). 이런 주장에는 틀림이 없다. 그렇지만 또한 다각적 무역 및 특화를 통해 얻은 이런 수익 증대가 오로지 부존자원과 지리적 입지에 힘입어서만 이루어진 것은 아니라는 점도 주목해야 한다. 그것은 또한 해운에 대한 투자와 유럽 상업 및 무역 기업들 사이에 이루어진 대륙간 무역에 대한 협력 및 자금 조달에 힘입은 것이기도 했다(Gerschenkron 1966; Cipolla 1976; Crouzet 2001).

이에 더해 이제는 학술적으로 낮은 평가를 받게 된 가설로서, 또 다른 관점(이 관점은 역사사회학의 세계체제론 학파가 처음으로 개진한 것이다)이 있다. 그 관점은, 서유럽 사회가 다른 대륙에서 응당 착취적이라고 해야 할 교역 조건으로 식량과 연료, 직물, 광물, 목재를 들여와 이런 상품에 대한 자신의 수요 증대를 "상당" 부분 채움으로써 중국과 인도, 그리고 세계 경제의 다른 부분들을 괴롭힌 것과 같은 맬서스적 문제들을 회피할 수 있었다고 본다 (Blaut 1993; Van Zanden 2009).

여러 대륙간 무역은 공교롭게도 유럽 경제사 중에서 가장 집약적으로 연구된 분야이다. 그 분야에서는 유럽과 아프리카, 아시아, 아메리카 사이에 전개된 상업적 연계를 분석하는 엄청난 양의 간행물이 나왔고, 아울러 역사가들을 위해 바다와 육지를 통해 유럽 항구들로 운반되는 다양한 상품의 양과 가치를 세액에 기초해 제시하는 광범위한 통계 자료도 산출해 놓았다. 이런 상품들은 대륙간 교역에 종사하는 상인들에게 확실하게 보상이 되는 가격으로 팔렸다. 이 상인들은 대륙을 가로질러 (열대산 식료품과 중국산 도자기, 실크, 면직물을 비롯한) "사치스러운 상품"을 운송하려고 협력하고 자금을 조달하면서 투자와 서비스를 수행했고, 그에 비해 상대적으로 높은 수익을 올렸다. 돌이켜 생각해 보면, "급진적 성향의" 역사가들은 아시아와 아프리카, 아메리카에서 들여온 이런 수입품에 지불된 구입 가격과 그것을 유럽에서 팔아 받는 가격 간의 차이를 착취적인 것이라고 애초에 단정짓고 있었다. 향신료, 지금, 면직물 및 의류, 담배, 설탕 같은 일부 상품들은 확실히 유럽인이 (현지 중간 상인의 도움과 사주에 힘입어) 현지 구입 가격을 강제력과 독점권을 활용하여 자발적인 교환 형태에 기초한 수준 이하로 떨어뜨릴 수 있는 시장에서 구입되었다. 하지만 유럽인의 대(對)아프리카, 아시아, 아메리카 무역 중 일정 비율만이 명료하고 논란의 여지 없이 경멸적인 의미로 "서구의 착취"라고 할 수 있으며, 이 비율이 정확히 얼마인지는 알 수가 없다. 대부분의 대륙간 무역의 경우, 거기서 얻는 보상이 불공평하게 분배되었지만 중국인이나 인도인, 아프리카인, 아랍인 등에게 유럽인과의 자발적 교역을 자극할 만큼 받아들일 만한 것이었다고 하는 것이 더 적절하다. 게다가 역사가들은 동양과 서양 간의 무역에서 발생한 수익 중 중국인이나 인도인 중간 상인들이 어느 정도를 가져갔는지 측정해 본 적이 없다.

경제적 분기에 대한 논의가 진행되면서, 수백 만 아프리카인들을 아메리카의 플랜테이션에서 강제적이고 값싼 노동력으로 활용하기 위해 운반한 것에서 유럽 경제가 얻은 물질적 이익과 성장 잠재력과 관련해 강압과 식민주의, 제국주의 같은 용어들이 그 논의를 물들이고 있다(Northrup 2010). 이렇게 운반된 아프리카인들은 유럽으로 수출된 설탕, 담배, 인디고, 코치닐,[1] 면직, 그 외 다른 원자재를 생산했다(그리고 아울러 노예가 된 아메리카 토착민은 지금을 캐는 데 동원되었다). 그렇게 아메리카에서 들여온 산물들이 식량과 유기 원자재, 목재에 대한 수요 증대로 인해 서구 현지 농업이 받던 압력을 덜어주었다. 그리고 비교적 새롭고 토지와 노동을 절약해주는 직물을 공급하여 유럽 직물업의 다각화에 기여했고, 아메리카 정착민들을 시장으로 유인하여 국제 해운 관련 서비스 시장과 유럽에서 제조된 상품의 시장을 확장시켰다(Abernethy 2000).

유럽 역사가 중에 대서양 경제의 성장과 통합, 아메리카산 지금 및 풍부한 자연 자원의 대서양 경제로의 포섭, 노예가 된 아프리카 노동력을 활용한 설탕, 담배, 면직, 인디고 같은 수출 가능한 잉여 산물의 생산이 유럽 해양 경제의 발전을 가속화시키고 맬서스적 압력이 나타나자 그 압력을 완화시켰을 것이라는 점에 의문을 품는 이는 거의 없다. 그러나 그들은 청제국이 정복을 통해 유럽보다 훨씬 더 큰 대외 안정을 확보했을 뿐만 아니라, 경작지라는 자원을 늘리고 아주 중요한 화석 연료 자원과 아울러 일자리가 충분치 않아 제대로 활용되지 않고 있던 값싼 노동력의 탄력적인 공급을 지니게 되었다는 점도 역시 주목할 것이다(Perdue 2005).

게다가 아메리카산 일차 산물의 수입이 가능했던 것이 인구 증가로 중국을 괴롭힌 것과 같은 맬서스적 압력을 서유럽에게서 크게 덜어주었음을

---

1   cochineal: 중남미 사막의 선인장에 기생하는 곤충인 '깍지벌레'의 암컷에서 뽑아 정제한 붉은 색소. 이 벌레는 몸 속에 붉은색 색소를 많이 함유하고 있어, 아즈텍 제국과 잉카 제국 시절에도 색소를 추출하기 위해 양식되었다. 지금도 남아메리카와 남부 스페인, 카나리아 제도 같은 곳에서 양식되어 그 색소를 염색용이나 식품착색제, 화장품 등에 사용하고 있다.

보여주는 통계 증거가 적절하게 열거된 자료로 정리되어 제시된 적은 없다. 그리고 이런 증거는 엄청난 양의 무역 관련 데이터나 1873년 이후 아메리카산 곡물 및 다른 일차 산물의 대량 유입이 본격화하기 이전 시기를 다루는 유럽 국가별 인구 및 농업사 연구 문헌에서 얻어야 하는데, 그렇게 될 수 없다는 것도 너무나 확실하다(Etemad 2007).

그러나 서구의 흥기와 그 반대편 - 즉, 중국(과 인도)의 지체- 과 관련한 설명에서 아메리카가 갖는 위치와 지위를 제시하는 일부 시각은, 계속해서 아메리카의 발견을 동인도의 보다 선진적인 경제와 수행하는 해양 무역의 양과 거기서 얻는 이윤을 늘리려는 추세가 자극한 우연적인 사건으로 표현한다. 그런 시각은 잘 알려진 탐험 항해들을 둘러싸고 발생한 우연적 사건에 기초해 있기 마련이고, 그 기초가 유럽 해양 팽창의 훨씬 더 오래되고 복잡한 역사 속에 있다는 점을 간과하는 경향이 있다. 또 열망을 가능성으로 바꾸었던 지식과 기술, 자본의 발전 과정을 무시하는 경향도 있다(Abernathy 2000; Headrick 2000, 2009; Mitterauer 2010). 그렇지만 식민화와 정착, 교역의 가능성을 확고히 하고 강화하는 데는, 노예가 된 수백 만 아프리카인을 구입하여 운반하고 신대륙의 노동력을 활용한 악명 높은 사실만이 아니라 장기적인 투자와 이주, 정착, 그리고 제국 간의 비용이 많이 드는 충돌 과정도 수반되었다(Daly 2015). 유럽이 노동 절약적 수입원과 수출 시장으로서 충분한 잠재력을 갖춘 대서양 경제의 역동적이고 통합된 구성요소로 진화해 가는 데는 수십 년이 아니라 수백 년이 걸렸다. 이러한 것들이 대서양 경제에서 얼마간 유리한 입지를 가진 유럽 경제를 산업 시장 경제로의 이행을 증진하는 궤적 위에 올려놓은 것이다(Goodman and Honeyman 1988; Mielants 2007). 캘리포니아 학파는 설탕으로 구현된 소량의 칼로리 수입, 담배라는 과세 대상이지만 몸에 해로운 자산, 값비싼 목재와 동물 모피를 강조하지만, 실제 역사적 과정에는 그보다 훨씬 더한 것이 포함되었다(Ringmar 2007). 지금과 면직 및 염료의 교역을 별개로 하면, 유럽 경제와 아메리카 간의 경제적 연계가 유럽의 근대 경제 성장으로의 이행에 중요하게 된 것이 언제인지 그리고 어느 정도로 그렇게 되었는지는 명확하지 않다(Bayly 2004). 한참 뒤인 1830년에도 남·북아메리카에서 수입된 상품은 유럽 외 대륙에서 들여온 수입품 총량의 30 퍼센트 정도였고, 한편 남·북아메리카로 보낸 수출품의 비중은 1750년의 12 퍼센트에서 그 시기에 20퍼센트로 늘어난 정도였다(Gills and Thompson 2006). 지금은 분명 다각적 무역을 촉진하는 작용을 했고, 유럽 전역에 걸쳐 금융 중개의 발전을 자극했다(Flynn et al. 2003). 노예 노동의 이용으로 낮아진 가격으로 구입한 고급 수입 면직 및 인디고의 투입은 분명 유럽 기계화의 진전에 얼마간 중요했고, 처음에는 랭커셔(Lancashire)에서 다음엔 유럽의 다른 지역에서 면직물 생산의 성장을 가속화했다. 그러나 그런 특정한 연계는 너무나도 유명한 저 산업, 즉 유럽 면직업의 조숙하고 모범적인 기술적 변혁에 필수적이지도 않았고, 충분하지도 않았다. 반대로 그 산업의 발전 과정과 발전방식은, 기계의 "힘"에 대한 유럽인 고유의 믿음이 기계화를 조장했고 이어서 기계화가 유럽 면직물 수요의 대량 증가를 촉진했다는 시각과 일치한다. 이렇게 늘어난 수요에 대처하기 위해 노예제 플랜테이션이 아메리카 열대 지역의 미개발 지역으로 급속하게 확산되었고, 이것이 면직물 수출시장의 확대로 연결되었던 것이다(Riello 2013; Bruland et al. 2020).

다른 아메리카 산물의 수입에서 유럽 산업으로 이어지는 긍정적이면서도 아울러 부정적인 전방연쇄효과[2]가 있었다는 것은 분명하다. 사탕수수를 끓여서 삶기 위한 구리 통의 제조는 긍정적인 경우일 것이다. 그러나 감자와 옥수수, 그리고 다른 '신세계' 식물의 이식은 소농 농가의 생계를 뒷받

---

2 forward linkages: 어떤 산업이 발전하면 그 산업의 생산물을 중간 투입물로 사용하는 다른 산업이 발전하는 효과. 정유 산업이 발전하면 정유 산업의 생산물을 사용하는 화학 산업이 발전하는 것을 예로 들 수 있다. 반대로 '후방연쇄효과(backward lubjages)'는 어떤 산업이 발전하면 그 산업에 투입물을 제공하는 산업도 발전하는 효과를 말한다.

침했고, 그것은 동시에 인구 성장률을 위협적으로 높은 수준으로 올리면서 아메리카로의 이주를 억제했다. 청이 중앙아시아를 정복하고 그 자원을 식민화한 것이 제국의 발전에 긍정적이었던 것보다 유럽인이 잃어버린 대륙을 발견하고 그 자연 자원을 서서히 개발해 나간 것이 유럽에게 더 긍정적인 효과를 낳았다고 생각할 수 있지만(Adshead 1995), 과연 그것뿐이었을까? "아메리카의 발견 그리고 동인도로 가는 항로의 발견은 인류 역사에 기록된 가장 크고 가장 중요한 두 사건"이라는 애덤 스미스(Adam Smith)의 시각은, 당시 그가 인정했듯이, 역사적으로 볼 때 옳았지만 너무 이른 것이었음이 드러났다. 게다가 아메리카의 발견과 관련해 그저 우연적이기만 한 것은 별로 없었다(Boorstin 1983). 이제 유럽 중심주의에 입각한 학자들도 중국에는 해양 지식과 해양을 항해할 배가 없었다는 식으로 주장하지는 않으며, 또 제국의 면직물 생산이 인도로부터의 생사 수입에 크게 의존했음도 지적한다(Zhao 1977). 그러므로 대서양 경제의 탄생과 강화 그리고 점진적 통합에서 얻은 거시경제적 이익을 우연적인 것이라고 말할 수도 없고 중국과 크게 대비되는 주된 요소로 제시할 수도 없다. 유럽에서 일어난 근대적 산업 경제로의 이행을 출범시킨 요소들과 그것을 뒷받침한 힘들 간의 구분은 대분기를 둘러싼 논쟁에 기초가 되는 것으로 유지되어야 한다(Prak and Van Zanden 2013).

불행히도 근대 초기 중국 농업이 거둔 성취와 유럽 농업이 거둔 성과 간의 상호 비교는, 증가하는 각각의 인구를 구조 변동으로 뒷받침할 수 있는 상대적 역량에 대한 그럴듯한 결론으로 이어질 수 있다는 점에서 불가능할 것이다. 그럼에도 유럽 경제사 및 농업사에 대해 표준적으로 수행된 최신의 개관 중 어느 것도 유럽 대륙의 농업 부문이 전반적으로 1650년 이후 등장한 인구 압력에 대처하지 못했다고 주장하는 것은 전혀 없다고 얼마간 자신 있게 주장할 수 있다(Broadberry and O'Rourke 2010). 그와는 반대로 그런 유럽 경제사 및 농업사의 개관들은 잉글랜드, 아일랜드, 네덜란드,

프랑스, 스페인, 작센을 비롯한 몇몇 나라에서 일어난 농업 발전으로 수확량이 개선되었다는 인식을 뒷받침한다. 뿐만 아니라 휴경과 같은 오래전 확립되어 내려오는 농법의 확산과 배수 시설의 개선, 석회 및 이회토의 적용, '신세계' 작물(옥수수와 감자)의 도입에 힘입어 노동 생산성도 개선되었음을 보여준다(Beur et al. 2013). 청대 중국에 비해 유럽의 농부들에게는 기존 농법 중에 전해져 내려오는 것이 더 많았고 이를 마음껏 활용할 수가 있었다. 그들은 고도의 평형상태 트랩에 갇히지 않았던 것이다(Jones 1987). 명백히 그들은 경작지의 경계를 확장하고 토지 단위당 생산량을 늘림으로써 도시 및 해외 농작물 수요의 다소 빠른 증가와 식량, 사료, 연료, 원자재 가격의 상승에 대응했다(Bateman 2012). 유럽 농업 부문 역시 17·18세기 동안 중국과 비슷하게 불리한 맬서스적 위기와 궤적에 빠져들고 있었다는 정반대의 주장도 있지만(Malamina 2009), 농업사 및 인구사 연구자들은 이를 지지하지 않는다. 19세기에 한참 들어서까지 서유럽과 중국 제국은 모두 아메리카 식량 작물의 이전에도 불구하고 지리적으로 한정된 자연 자원이라는 토대와 가능성에 여전히 의지하여 전혀 다른 증가율로 진행되던 인구 성장이 야기하는 수요 증대에 대처했다. 둘 다 초국가적인 대륙간 무역에 의존하지 않은 것이다. 이런 두 곳의 인구 성장 중 어느 하나는 맬서스적이라고 표현해도 무방하지 않은가?(*European Review of Economic History* 2008)

따라서 대분기와 연결된 유럽 경제와 중국 경제의 수렴에 대한 설명에서 보이는 강조의 대부분은, 토지보유 제도의 개선을 위한 동기가 등장하고 경작과 가축 사육을 위한 최선의 기법이 확산됨으로써 유럽이 잠재적으로 가지고 있던 중국을 따라잡을 수 있는 가능성이 실현되었다는 점(Campbell and Overton 2010)에서 분명 기인했을 것이다. 유럽 몇몇 나라의 농업은 도시로의 인구 집중과 함께 인구 성장의 상승세가 수반한 시장 확대와 식량, 원료, 직물 무역 조건의 유리한 변화에 유연하게 대처했던 것으로 보인다(Barbier 2011). 도시화는 네덜란드와 잉글랜드, 북서 프랑스, 그

외 유럽 여러 지역에서 중국의 어느 곳보다 더 빠르고 광범위하며 신속하게 일어났다. 비교적 도시화된 중국의 양쯔강 하구 델타 지역보다도 앞섰다(Li and Van Zanden 2012). 유럽 중심적 관점을 가진 경제사가들은, 생산의 분화와 노동 분업, 숙련 기술 개발, 재정적 가능성, 기술 혁신의 전망, "도시 집적"에서 얻는 그 외 다른 이점이 중국에서보다 유럽에서 잠재적으로 더 유망했다는 점을 여전히 하나의 지표로 여긴다(Floud et al. 1981-2014; Roy and Riello 2019).

석탄을 연료로 삼게 된 것과 관련해서는, 유럽과 중국이 모두 산업 및 가정용 목적의 열원(열에너지)으로서 석탄의 성질에 대한 정보를 똑같이 잘 알고 있었던 것 같다. 영국 사회가 자신의 석탄 매장층의 위치와 접근성에 대해 더 잘 알고 있었을 수도 있다. 하지만 석탄 채굴 기술이나 석탄 운반의 잠재적 역량을 비교할 수 있는 구체적인 증거는 전혀 없다(Wright 1984). 지하 광물 개발과 관련해 중국의 재산권 보장이 유럽보다 더 복잡하고 더 확실하지 않았을 수도 있다(Scott 2008). 게다가 명이든 청이든 중국 국가는 실로 엄청나게 매장되어 있는 석탄층을 일찍이 개발하려는 열정을 조금도 보여주지 않았다. 오히려 중국 국가는 광산촌의 확산을 내부 질서에 대한 잠재적 위협으로 적대시했다(Thompson 2003).

그러는 사이에 여러 세기에 걸쳐 수렴이 진행되는 동안 유럽인들(특히 영국인들)은 석탄에 구현된 경제 성장의 엄청난 가능성을 탐구하여 이용하기 시작했다. 무엇보다도 화석 연료가 탄력적이고 중요한 대체물로서 나무 – 전통적으로 건축 자재였고 열에너지 공급 및 가정용 난방을 위해 보편적으로 사용된 자원– 를 점점 더 대신하게 되었고, 이 점은 이 대분기 논쟁에서 일차적인 중요성을 가진다. 서양이든 동양이든 지하 화석 연료[3]의 개발은 그 자체로, 그렇지 않았으면 목재 생산에 이용될 토지를 가축을 키우는

---

3   the subterranean forests: 석탄층을 말한다.

목초지나 인간이 소비할 식량이나 직물 원료를 재배할 경작지로 전환할 수 있게 하였다(Kander et al. 2013).

캠브리지 학파[4]가 수행한 계산에 따르면, 1800년 무렵 석탄을 활용하지 못했다면, 당시 전개되던 열에너지 공급량을 발생시키기 위해 영국 생산자들이 요구한 수요를 기존 수준으로 유지하고 집약적으로 열을 투입하는 다양한 제조 공정을 뒷받침하는 데 정말 엄청난 양의 목재와 광대한 면적의 산림지대가 필요했을 것이다. 거기에 각 가구가 도시에서 살며 18세기의 기준에서 건강과 노동 효율성을 유지하기 위해 소비한 난방 수요에 대처하기 위해서도 마찬가지였을 것이다(Wrighly 2016).

그래서 캘리포니아 학파는 영국이 근대 산업 경제로 일찍 이행한 것을 에너지의 탄력적인 공급이라는 측면에서 재해석하는 최근 간행된 연구서들로부터 강력하고 설득력 있는 지지를 받았다(Wrigley 1988, 2016). 그들은 오래전 일찍이 1932년에 네프(Nef)가 했던 주장을 되풀이하고 있다. 네프는 활용 가능하고 수송 가능한 석탄 자원을 영국이 운 좋게도 우연히 빠르게 개발한 점이 어떻게 탁월한 비교우위로 전개되었는지를 지적했다. 이 덕분에 영국은 식량 및 원료 생산을 위한 토지만이 아니라 노동과 자본도 보존할 수 있었다는 것이다. 이런 식으로 석탄의 활용은 노동이 농업을 벗어나 다른 일에 투입될 수 있게 하였고, 노동력이 점점 더 많이 소도시 및 대도시로 집적되는 것을 촉진했다(Nef 1964).

나아가 석탄이 가진 잠재적 중요성에 대한 네프의 혜안은 또 통계에 기초를 둔 새로운 수량화 패러다임에 의해 부활하여 재구성되기도 했다. 여기서 활용하는 통계란 더욱 도시화하고 산업화하는 경제가 소비하는 에너

---

4 Cambridge School of economics: 신고전경제학의 설립자 중 한 명이자 캠브리지대학 경제학 교수인 앨프리드 마샬(Alfred Marshall)과 그 추종자들을 가리키는 용어로, 소득 증대와 기업 이론, 복지 경제학에 주로 관심을 갖고 있었다. 마샬 이후 캠브리지 학파를 이끈 이로는 피구(A.C. Pigou)와 케인즈(J.M. Keynes)가 있다.

지 양에 대한 브로델(Braudel)의 추정치가 "퍼뜨린" 것과 같은 것이다(Braudel 1981-1984). 의심할 바 없이, 캘리포니아 학파는 석탄과 다른 자연 자원이 -특별히 영국 산업화에 대한 것이지만 연장해서 보면- 유럽 산업화에 대한 설명 속에서 또 다시 부각되는 것을 보고 만족해할 것이다(Wrigley 2016). 한편 이렇게 부활된 해석을 옹호하는 학자들은, 장기적인 대분기와 아울러 소분기들도 설명하기 위해 구성된 모델 속에서 여전히 자연 자원의 역할을 폄하하거나 아니면 무시하는 경향이 있는 경제학자들이 그런 해석에 어떤 반응을 할지 미리 예상하고 무덤덤해 할 것이라고 추측할 수 있다.

하지만 역사가들은 분기로 이어졌던 영국과 그 뒤 유럽 차원의 산업적 시장 경제로의 이행이 국지적인 석탄층에 대한 우연적이고 우월한 접근 가능성 덕분으로만 환원될 수는 없다고 판단하고 있다. 또한 그들은 같은 시기 유럽이 석탄의 생산 및 소비로 옮겨갔다는 점도 잘 알고 있다. 석탄이 열에너지 및 운동에너지를 발생시키는 인간과 가축, 바람, 나무, 물에서 끌어낸 세계의 어떤 다른 에너지원보다 더 기계적이고 값싸며 믿을 만한 대안적 연료가 되었던 것이다. 그리하여 석탄은 널리 알려진 유럽의 역사적 단계들을 거치며, 나무에 대한 의존을 대체하여 철 제작과 증기력 창출의 주된 연료가 되었다. 특히 증기력은 상품과 서비스의 생산 및 운송에 관련된 다양한 과정을 계속 확장하고 더욱 효율적으로 만들며 기계화하는데 필요한 에너지를 제공했다. 지하와 수중에 잠재력을 가진 대규모 화석연료 매장층이 존재한다는 것은 틀림없이 이 값싼 연료를 캐내기 위해 지하수를 펌프로 끌어내고 빼낼 방법을 찾도록 자극했을 것이다. 뉴커먼[5]에서 와트(Watt)에 이르는 연속적인 기술 발전과 개선의 과정은 잘 알려져 있으며, 이것은 당시 서구에서 이루어진 진공 상태의 성질에 대한 과학적 조

---

5 Thomas Newcomen: 1663-1729년. 영국의 발명가로 대장간 직공이었다. 광산에 들어찬 지하수를 증기를 이용해 끌어내는 증기기관을 발명했다. 이것을 개선하여 18세기 말 제임스 와트(James Watt)가 산업혁명의 주역이라는 와트 증기기관을 만들었다.

사와 결부되어 있었다. 이런 과정 동안에 일어난 일을 고려하면, 석탄이 광물과 화석 연료의 채굴을 도왔던 기계화된 양수기에서 점점 더 다양한 범위의 기계를 작동하는 데 필요한 힘을 공급하는 "기관"으로 진화하는 발전을 촉진했다고 할 수 있는 것이다(Church 1994; Goldstone 2008).

긴밀하게 상호 연결된 이런 일련의 에너지 공급 기술에 투자한 경제에 토지와 자본, 노동, 축력을 절약함으로써 파생된 거시경제적 효과가 발생했고, 이런 효과가 시간이 가면서 축적되어 매우 중요한 의미를 갖게 되었다(Kellenbenz 1976). 예컨대, 영국(산림이 심각하게 부족했지만 석탄이 풍부하고 그것을 운반하여 원활하게 공급할 수 있었던 나라)이 석탄에서 끌어낸 열에너지 및 운동 에너지와 결부된 기계화된 생산 공정을 발견하고 개선하여 일찍이 확산시킨 중심지가 된 것은 전혀 우연이 아니었다. 비록 기계화와의 그런 연계가 가진 순환성을 염두에 두어야 하지만 말이다. 값싼 석탄에 접근할 수 있다는 것이 과연 에너지 및 가정용 난방 발생의 가장 효율적인 자원으로서 석탄을 캐고 이용하는 데서 등장한 기회를 다룰 목적으로 기계/기관, 용광로, 굴뚝, 난로 등의 추구를 강화시켰는가? 아니면 난방에 대한 수요가 땔감 가격 상승을 결정했고, 이것이 가장 효율적인 가정용 열에너지 및 운동 에너지 형태로서 더 높은 탄력성을 가진 석탄으로의 대체를 자극하여 생산 및 운송의 기계화에 특출하게 유리한 조건을 창출했는가?(Perrson 2010) 어느 쪽이든 풍부한 석탄 매장층에 접근할 수 있다는 것은 유럽의 기업과 가구들에게, 포메란츠가 주장하듯이, 전적으로 운 좋은 "행운"(포메란츠의 표현)이라고 말할 수도 있을 것이고, 유럽에게 중요한 자연적 이점이라고 할 수 있을 것이다(Harris 1992; Wrigley 2016).

그럼에도 포메란츠는 중국이 송대 이래 석탄의 성질에 대해 충분히 알고 있었다는 사실과 (이제 모두 알고 있듯이) 중국에 대단히 풍부한 석탄 매장층이 있었다는 점을 부정하지 않을 것이다. 캘리포니아 학파는, 제국의 구릉과 경관에서 나무가 사라지면서 점점 더 심각한 환경적 손실을 발생시키고 있던 수십 년 동안 중국의 그렇게 풍부한 에너지 자원(역사적으로 볼 때 이 에너지 자원은 영국과 유럽이 기술적으로 진보된 산업 경제로 이행하는 데 핵심적인 구성요소로 진화했다)이 왜 개발되지 않은 채로 있었는지 그 이유를 밝히려고 애썼다(Pomeranz 2006). 그런 질문에 대해 그들이 제시한 몇몇 답변에는, 중국인들이 열에너지를 얻으려는 목적으로 소비하는 연료로 농작물 잔여물과 가축의 분뇨를 더 이용했다는 주장이 있다. 그 외에 중국 인구가 사는 곳이 위도상으로 보면 유럽보다 더 따뜻한 곳에 해당했고 그래서 노동을 위한 신체 에너지의 유지를 위해 유럽보다 더 낮은 수준의 칼로리 공급이 필요했다는 주장도 있다.

그럼에도 현재 영국과 (더 나아가 접근 가능하고 운송 가능한 풍부한 석탄 자원을 갖춘 대륙의 다른 나라들과) 비교하여 중국이 자원 면에서 심각하게 불리했다고 말하는 캘리포니아 학파의 테제는 그 핵심에서 타당성이 더욱 떨어지는 것처럼 보인다. 어쨌든 중국인들은 송대 이래 석탄을 캐고 있었고, 명대와 청대 동안에도 다양한 지역에서 일정 규모로 계속 석탄을 채굴했다(Wright 1984). 게다가 유럽의 석탄 채굴 및 운송의 발전을 몇 세기간에 걸친 청 통치기 -1644-1911년- 동안의 중국과 체계적으로 상호 비교하는 산업사의 연구 문헌들은 진지한 대비를 통해 중국에서 에너지원으로서 화석 연료를 개발하는 데 지체가 있었다는 시각을 그다지 뒷받침하지 않는다. 그런 연구 성과들은, 중국에 질적으로 유럽과 비슷하고 양적으로 유럽보다 더 풍부한 석탄이 있었고 당시의 노동 집약적인 채광 기술을 활용할 수 있었으며 아마도 영국과 벨기에, 독일, 그 외 유럽 여러 곳의 탄광지대에서 채굴된 석탄이 그러했듯이 중국에서도 수로를 통해 석탄을 운송할 수 있었음을 보여준다(Thompson 2003; Xue 2007).

분기의 궤적을 보여준 수백 년간에 걸쳐 중국 제국 경제와 그 인구는 목조 주택 건설용 자재와 열에너지 및 가정용 난방 연료로 나무와 숲에 계속 의존함으로써 중국에 고유한 산림 및 목재 자원을 크게 소모했다. 이로써 물을 흡수하고 식량 및 원료 생산을 위해 수로를 조정할 수 있는 나무가 자연적으로 갖고 있던 역량이 꾸준히 줄어들었다(Elvin 2004). 중국에 이런 상황이 전개되던 똑같은 시기에 영국이 주도하던 서유럽 경제는 석탄을 활용하여 열에너지 및 운동에너지를 공급하기 위한 전략에 착수했는데, 이것은 명·청대 중국도 추구할 수 있었다고 "생각"할 수 있는 것이었다. 중국도 화석 연료로 대체함으로써 광산에서 물을 퍼내어 빼내는 기계적 해결책을 추구할 수 있었는가, 그 여부를 묻는 것이 어불성설은 아닌 것이다(Lebow et al. 2006). 어쨌든 중국에서는 유럽보다 더 낮은 깊이에서 석탄을 캤으며 석탄의 연소성이 유럽보다 더 낮았지만, 주요 매장층의 개발에는 이것보다 물이 더 장애가 되었을 것이다. 그리고 청 국가는 윈난(雲南)에서 캐낸 구리를 베이징까지 죽 운반하는 운송로를 어떻게든 조직할 만큼 운송로도 발달해 있었다. 중국 제국이 상대적으로 심각한 환경적 불리함을 안고 있어 화석 연료에의 의존도가 큰 에너지 체제로 변모하여 얻는 여러 가지 상당한 이점을 활용하는 쪽으로 이동하는 데 어려움이 있었다는 주장은 사실로 입증되지 않았다. 하지만 이보다 훨씬 더 확실치 않은 것은, 선진적이고 상업화된 중국 경제가 공업을 기계화하고 노동력을 도시화하고 농업의 스미스적 성장을 계속하기 위해 악화하는 제국의 기반 시설을 수리하고 늘리려는 국가 정책의 개혁을 수십 년 동안 그렇게 꺼린 이유이다. 그런 개혁들이 공업과 운송의 기계화의 실현 가능성을 높은 수준에 이르게 하기 위해선 꼭 필요했는데도 말이다. 이 이유를 둘러싸고 더 광범위하고 격렬한 논쟁이 벌어지고 있다. 어쨌든 중국 가구들의 면직물 생산을 위한 가내 수공체제(kauf system)[6]가 생산방식을 기계화할 가능성이 있는 징후를

---

6 Kauf system은 근대 초기 농촌 가구의 수공업 활동에서 한 단계를 지칭하는 것으로, 소위 '프로토-공업화(proto-industrialization)'의 첫 번째 단계이다. 이 체제 하에서는 농촌 가구가 영농 외 활동으로 공업 상품의 생산에 종사하고 그 결과를 상인에게 판매했다. 따라서 상품을 생산하는 농촌 가구 구성원의 노동이 상인 자본으로부터 상당한 독립성을 유지하고 있었다. 이것이 이후 소위 '선대제(putting-out system; verlag systgem)' 단계로 진화해 가는데, 그러

보여주었다는 주장이 제기된 적은 한번도 없었다(Zhao 1977; Riello 2013). 명대든 청대든 중국에서는 혁신을 가져오는 자극이나 그를 위한 과학 문화가 널리 퍼져 있지 않았던 것 같다.

포메란츠가 대분기에 대한 자신의 독창적인 저서를 간행한 지 약 10년 뒤에 캘리포니아 학파의 두 뛰어난 학자들[7]은 근대 초기 유럽과 중국의 도시화 비율 사이에 큰 차이를 관찰할 수 있음을 지적한 평자들의 주장에 타격을 가하고자, 이런 결론을 내리려면 더 긴밀하고 비교에 입각한 분석이 필요하다고 주장했다(Xu 2016). 그렇게 된다면, 도시화 비율과 관련된 유럽과 중국의 이런 대비가 타당하게 측정된 것으로 널리 받아들여지고 있기에, 그 대비를 장기적으로 볼 때 중국 농업 부문이 노동 및 자본을 풀어놓을 만큼 잉여 식량 및 원자재를 충분히 공급하지 못했고 도시에서 생산되는 상품 및 서비스의 시장 역할도 하지 못했다는 징후로 읽을 수 있을 터였다(Rosenthal and Wong 2011).

그들은 관련 경제 이론과 "유럽의 도시에 중심을 둔 경제들(Europe's City Centered Economies)"에 대한 페르낭 브로델의 글[8]을 건드리면서(Braudel 1981-1984), 중국보다 더 높은 유럽 인구의 도시 집중률이 여러 세기에 걸쳐 언제, 어떻게, 무슨 이유로 축적되어 중국보다 높은 비율의 장기적 경제 성장을 위한 맥락과 조건을 창출했는가를 설명하는 분석적 내러티브(통계 증거로 크게 뒷받침되지는 않는다)를 구축했다. 그들은 유럽 도시화의 역사에 대한 역사학 문헌과 네트워크 외부성[9]과 관련한 경제학 교과서를 개관하면

면서 자본의 생산자의 노동에 대한 포섭이 강화되고 자본주의로의 이행이 두드러지게 나타났다고 한다. 이상에서 보이듯이, 이 용어 자체는 '프로토-공업화'론과 관련해서 중요 개념으로 제시된 것이지만, 여기서는 오브라이언이 중국 농촌 가구가 가족 노동을 활용하여 공산품을 생산하는 양상을 지칭하기 위해 사용하고 있다.

7 아래에 나오듯이, 로젠탈(J. L. Rosenthal)과 빈 웡(R. Bin Wong)을 말한다.

8 페르낭 브로델의 『물질문명과 자본주의(*Civilization and Capitalism*)』 3권, 2장과 3장을 가리킨다. 프랑스어판을 번역한 한국어판의 경우, III-1권, 2장 "도시가 지배하는 유럽의 구경제: 베네치아 이전과 이후"와 3장 "도시가 지배하는 유럽의 구경제: 암스테르담"에 해당한다.

9 network externalities: 경제학의 '네트워크 효과(network effect)'와 관련된 개념으로, 네트

서, 근대 이전 유럽의 구조 변동과 보다 높은 생활 수준에 유리한 입지와 맥락의 창출 이면에서 도시화가 주된 힘으로 작동했다는 잘 알려진 이론(Bairoch 1988)을 받아들인다.

경제 이론과 도시사에서는 도시가 어떻게 다양한 범위의 생산 및 소비 수요의 확대를 촉진하고, 더욱 정밀한 수준의 직업별 특화를 증진하여 숙련 및 반숙련 노동의 임금 상승을 가져왔으며, 그리하여 농촌 지역에서 교육을 받은 젊고 생산적인 이주민을 더욱 자극하여 도시로 유인했는지가 검토되었다. 도시는 또 도시 발생 질병으로 인한 사망률을 일정 정도 유지하여 인구의 자연증가율을 더 낮고 더 제어 가능한 수준으로 떨어뜨리는 데 도움을 주기도 했고, 과학·기술 지식의 발생에 최적의 입지를 제공하기도 했다. 나아가 유럽 항구들의 경우, 해양도시로서의 입지에 힘입어 더욱 특화되었고, 해상 무역 및 운송에 적극적으로 참여했다. 이것은 처음에는 과세의 토대를 넓혀서 도시 및 지역에서 나타난 과두제 통치 형태를 뒷받침했고, 시간이 가면서 이런 과세의 토대는 더욱 중앙 집중적이고 실효성 있는 국가의 재정적 기초로 진화했다(O'Brien et al. 2001; Prak and Van Zanden 2013).

유럽 사회가 자신의 경제 활동과 노동력을 도시 및 해양도시에 입지시키는 비중을 늘려가는 경향이 있었다는 점과 (지극히 중요한 유럽 공업의 기계화를 비롯한) 경제적 이점이 연결될 수 있다는 것을 인정한다면, 실제로 그런 두드러진 대비는 유럽 경제와 중국 경제의 수렴이 어떻게 '거대하고 지속적인 분기(a Great and Persistent Divergence)'로 이어졌는지를 살피는 비교사에 핵심적인 한 장이라고 말할 수도 있을 것이다(혹은 아마도 심지어 유일한 장이라고도 말할 수 있을 것이다)(Goldstone 2008). 만약 그렇다면 비교사들은 중국 제국에 비해 서유럽이 가진 이런 중요한 이점을 서유럽은 언제 어떻게 확보하여

워크 효과는 일단 어떤 상품에 대한 수요가 형성되면 이것이 다른 사람들의 상품 선택에 큰 영향을 미치는 현상을 가리킨다. 이 중 네트워크 외부성은 특정 제품을 사용하는 소비자가 많아질수록 해당 상품의 가치가 더욱 높아지는 현상을 말한다.

유지했으며 그 이유는 무엇인가라는 서로 긴밀하게 연관된 몇 가지 문제에 초점을 맞출 수 있을 것이다(Clark 2013).

로쟁탈(Rosenthal)과 빈 웡(Bin Wong)은 석탄과 식민지, 불평등한 무역에 포메란츠가 부여한 강조를 보완하는 데로 관심을 옮기면서, 그의 분기에 대한 논란 많은 설명을 유럽 정치 경제의 지정학적 특징과 관련지어 보충했다. 그들은 유럽의 정치 경제가 또 다른 중요한 경제적 성과를 구현하고 있으며, 이 성과 역시 결국 예상하거나 의도하지 못한 행운의 것이었다고 인식한다(Rosenthal and Wong 2011; Tanimoto and Wong 2019). 그들은 유럽과 중국 간의 이런 핵심적인 대비가 서구에서 로마 제국이 무너지고 그 이후 여러 세기에 걸쳐 지정학적으로 파편화된 경쟁적 국가체제가 발전한 것에서 비롯되었다고 파악한다. 서구의 이런 국가체제는 중국보다 더 격렬한 사회적 분란에 시달렸고, 다소간 파괴적인 국가간 전쟁이 간간이 발생하여 장기간 지속되는 경향이 있었다. 내부 질서와 대외 안정이라는 그런 보편적인 문제에 대처하기 위해, 유럽인들은 약탈에 맞서 재산 소유 시민과 인간 자본, 유동자산을 보호하는 요새 도시를 건설하여 정착시켰다. 비록 그렇게 했음에도 유럽인들이 30년 전쟁에서 자행된, 그리고 다시 1792년과 1815년 사이에 장기적으로 빈번하던 전쟁에서 자행된 인간 자본 및 물리적 자본의 엄청난 파괴를 저지하지는 못했지만 말이다(Parker 2013).

그러고 나서 부유한 과두제 도시국가들이 경제 현상의 작동을 위한 규칙을 정초하고 제도를 확립했다. 이런 규칙 제정과 제도 확립은 경제 현상을 보호할 책임을 진 지역·지방·국가 당국에서 제기된 조세, 신용, 대부의 수요에 따른 것이었고, 경제 현상의 수행에 맞는 규칙 실행을 돕기 위한 것이었다(Yun-Casalilla and O'Brien 2012).

요컨대, 여러 세기에 걸쳐 국가 간의 중상주의적 경쟁 및 전쟁으로 점철된 유럽인들은 경제 질서와 결부된 여러 문제와 고질적인 불가피한 전쟁에서 비롯된 고통을 완화하기 위해 도시를 건설하고 제도를 갖추었으며 중앙집중적인 국가를 이루었다. 이런 일이 전개된 방식과 규모가 중국의 상황과 대비될 수 있는 것이다('t Hart 2014). 명의 등장(1368년)과 아편전쟁(1839-1841년) 사이의 시기를 대부분 포함하는 중국 제국의 역사는 이보다 더 길게 이어졌는데, 그 긴 역사 동안 제국의 농업 및 촌락 경제 체제는 유럽보다 더 평온한 조건 하에서 작동했다. 생산 및 상업 거래를 위한 규칙과 제도들이 유지되었고, 방대한 영토 제국을 다스렸지만 지배하지는 않은 왕조별 통치자들과 능력에 따라 선발된 관료들이 그런 규칙과 제도들을 시행했다(Brook 1998, 2010). 평화로웠기에 중국의 통치자들은 제국의 방어나 침략을 위해 세입을 증가시키거나 자금을 차입해야 할 압력을 한정된 수준에서만 받고 있었다(Liu 2005). 그들은 토지 소유권을 둘러싼 분쟁을 중개하고 교역 및 관개 목적의 수로의 보수 관리를 감독하는 경우를 제외하고, 자기 신민의 경제 현상에 개입해야 한다는 압박감을 전혀 느끼지 않았다(Zelin et al. 2004). 유럽에서 전개된 국경을 넘나드는 해외 무역에 비해, 중국의 제국 역내 상업은 국가 규제의 간섭을 받지 않고 독자적으로 형성된 공식·비공식 장치들을 기능적으로 혼합하면서 상인들에 의해 수행되었다. 특히 이런 제국 역내 상업은 흔히 제국 내 멀리 떨어진 지역들에 자리한 친족들 사이에 이루어졌다(Wong 1997; Dixin and Chengming 2000; Peterson 2002).

유럽의 기준에서 보면, 명·청대 체제 모두에서 군대와 기근, 홍수, 가뭄, 빈곤의 고통 경감, 법적 중재 및 집행에 쓰인 국가 지출 및 세수의 규모는 빈약했던 것으로 보인다. 무엇보다도 식량 및 유기적 원자재의 생산, 운송, 교역을 위한 기반시설에 쓰인 국가 지출 및 세수의 규모가 작았던 것 같다(Zelin 1984; Kaska 2017). 유럽과 달리, 중국 제국은 여러 세기 동안 계속해서 풍부하고 다양한 생태·환경 자원과 하천 및 운하의 유지를 위한 기반시설을 충분히 갖춘 유기적 경제를 관장하거나 다스릴 수 있었다. 이를 주기적인 재난과 유아살해풍습을 통해 인구 성장을 적절하게 억제하여 뒷받침했다(Engelen and Wolf 2005). 국가는 또한 위계와 예의 바른 태도, 친족에 기반한 제도 및 결속을 고취한 널리 퍼져 있던 이데올로기(유학)로부터 강력한 지지를 끌어내어 적극적으로 유지하기도 했다(Brook 2005). 기독교에 비할 때, 유학은 윤리적 행위만이 아니라 경제 현상에도 개입한 제도화된 신앙 체계로 결코 발전하지 않았다. 기독교는 확실히 그런 식으로 발전했고 또 종교를 둘러싼 전쟁을 적극적으로 용납했다(Bodde 1991; Brooke 1991; Yao 2000).

로쟁탈과 웡, 그리고 다른 중국 연구자들은 중국의 "전제" 국가에 대한 유럽 중심적인 글들을 오래전부터 비판해왔다. 그런 글들이 유기적 경제가 추구할 정치 경제(스미스적 전략의 원시적 형태[proto-Smithian strategy]) 속에서 중국 국가가 내부 질서와 평화, 중립적 자세를 유지하기 위해 경제적으로 효율적이고 사회적으로 온화한 정책을 취해왔음을 인정하지 않았기 때문이다. 실제로 캘리포니아 학파는 자신의 연구 결과에서 명·청대 체제와 그들의 방대한 제국을 "스미스적" 경제 진보와 전쟁 국가에서 복지 국가로의 평화로운 전개로 이어지는 그런 종류의 패턴과 궤적의 본보기로 표현했다(Wong 1997; Rawski 2001; Deng 2012).

많은 것을 깨닫게 했던 대분기 논쟁의 과정에서 이런 주장들은 이제 그들이 시행착오를 거치며 그렇게 도전해왔던 유럽 중심적인 시각만큼이나 중국 중심적인 것으로 읽힐 수 있다. 유럽 정치체들 대부분의 경제 발전에 전쟁이 점점 더 많은 대가를 치르게 했고 점점 더 많은 해를 끼쳤음은 확실하다. 그럼에도 1815년 이전의 여러 세기 동안 서구에서 발생한 국가간 무력 충돌은 천연두만큼이나 여전히 고질적이고 피할 수 없는 것이었다. 방어와 침략을 위해 국가가 활용하는 지출과 세수와 차용의 수준을 의도적으로 축소하려는 반사실적 주장들은, 다른 시대의 사실관계를 고려치 않는 역사가들의 시대착오적인 억측에 지나지 않을 것이다. 형성 과정 중에 있던 근대 초기 유럽 국가들에게는 중상주의적인 국제 경제 질서의 한계 내에서 어떻게 살아남고 가능하다면 어떻게 번영하느냐가 관건이었다. 이 국제 경제 질서는 1500년 이후 자신의 범위와 지배력, 호전적인 정책을 확장하여 아프리카, 아시아, 아메리카와의 교역 및 식민화를 포괄하게 되었다. 유럽 역사를 연구하는 이들에게는 반사실적 고찰을 수행할 만한 여지가 전혀 없다. 서구의 지정학은 중국과 전혀 달랐고 동시에 경제적 측면에서는 불행했다(O'Brien 2014; Vries 2015).

그럼에도 전쟁에서 승리하고 생존하면서 얻은 명백한 이익 외에, 피할 수 없는 국가 간 전쟁을 치르기 위해 재정 및 금융 자원과 현실적 자원을 동원하며 얻은 파급 효과와 외부 효과들 역시 여러 가지 경제 발전에 다양한 긍정적 연계를 보여주었다. 예컨대, 전쟁은 더욱 애국적이고 순종적인 노동력을 형성하는 데 도움을 주었다. 전쟁은 유럽의 귀족계급에 기초한 "청부업자 국가들(contractor states)"이 자신의 육군 및 해군에 식량과 운송, 무기, 그 외 여러 생산물자를 제공하는 상인 및 제조업자와의 협력에 의존할 필요성을 강화시키기도 했다. 또 전쟁은 중앙집중적인 국가의 조세, 신용, 장기 대부 수요에 맞는 수준을 상승시켜 수용 가능한 화폐 공급 및 형태의 폭을 넓혔다. 그리고 전쟁은 귀족 지배 엘리트와 부유한 상인 엘리트들 사이에 지식의 축적에 대한 공동 이해관계를 촉진했다. 그런 과정에서 축적된 지식은 과학과 기술, 숙련의 발전에 후원을 끌어들일 만큼 충분히 신뢰감을 얻게 되었고, 이렇게 발전한 과학과 기술은 처음에는 군사용으로 이용되었지만 한편으로 더욱 평화적인 목적으로 적용될 전망과 가능성도 체현하고 있었다. 무엇보다도 해전 및 육상전을 통해 유럽이 얻은 지식과 경험은 중국을 비롯한 다른 대륙의 강대국 무장력과 벌인 지정학적 충돌에서 지속적인 비교우위로 작용하게 되었다. 제국주의에서 유럽이 얻은 이익은 유럽에서 역사적으로 전개된 경쟁적인 중상주의 및 전쟁과 뗄 수 없을 정도로 연결되어 있었다(O'Brien 2014).

요약하자면 이러하다. 비록 무력 충돌은 높은 비용을 치르게 했지만,

그 충돌은 피할 수가 없는 것이었다. 그러므로 돌이켜 생각해 보면, 유럽의 전쟁은 로쟁탈과 윙이 말하는 식으로 유럽이 산업적 시장 경제로의 이행을 연속적으로 이어가는 중상주의적이고 자본주의적인 궤적에 필수적인 구성요소라고 충분히 표현할 수 있다. 그런데 이런 이행 속에서 결국 상대적으로 후진적이고 지정학적으로 취약한 상태로 남은 것은, 세계에서 가장 큰 제국 경제가 안정과 내부 질서, 번영의 유지를 위해 추구한 전적으로 더 칭찬할 만하고 평온하며 이론상 효율적인 자유로운 궤적이었다(Wang 2011). 영국 해군이 대양을 지배하기 전 그리고 자유주의적인 국제 질서가 가시화하기 전, 중상주의자들은 불가피하게 간간이 발생하는 비용이 많이 들고 야만적인 무력 충돌을 비롯한 국가간 경쟁에서 국가 경제들이 얻을 수 있는 이익을 끊임없이 분석하고 칭송했다(Encisco 2017). 지방·지역·국가 경제들을 보다 큰 영토 국가의 정치적·지정학적 경계 내로 통합함으로써 엄청난 범위와 규모의 이익을 얻는다는 것은 명백하다(Wood, 2002). 실제로 그런 일은 1803-1815년에 유럽에서 발발한 나폴레옹 전쟁 동안 프랑스의 팽창주의에 맞선 대응 과정의 결과로서 독일 경제와 이탈리아 경제에서도 일어났다. 그렇다면 로쟁탈과 윙은 여기서 잠시 멈추고 다음의 물음을 고민해 보았으면 어땠을까? 1500년과 1800년 사이에 확립되어 작동 중인 세계의 다른 많은 제국들이 여전히 자기 신민에게 높은 생활 수준을 제공하지 못하고 있는데, 유럽만은 그에 성공하지 않았는가?

결국 서유럽 역사가들이 유럽 국가들 사이의 중상주의적 경쟁과 지정학적 전쟁에 설득력 있게 연결했던 일련의 변수들을 고려하지 않으면서 서유럽의 이른 근대 산업 경제로의 이행에 어떻게 장기간에 걸친 폭력이 수반되어 많은 대가를 치르게 했는가를 분석하고 강조하는 것은, 중국과의 상호 비교를 수행하는 데 필요한 규칙을 무시하는 것이다(Torres-Sanchez 2007). 로쟁탈과 윙은 논쟁이 "대분기를 너머 그 이전"으로 이동했고 자원을 보호 및 침략이 아니라 공공재에 할당하는 점에서 청 체제와 유럽 국가들이 대비된다고 주장하고 있지만, 그들의 분석적 설명은 설득력이 떨어진다. 그들의 설명은 유럽 주민이 성벽으로 둘러싸인 도시로 이주하여 정착하고 거기서 경제 활동에 종사하며 상호 작용하는 성향이 있다고 보고, 그런 상대적 성향을 결정지은 (전쟁 외에) 다양한 변수와 연관성으로 구성된 모델을 제시하며 이를 지나치게 중시하고 있다. 하지만 그 모델은 지나치게 좁고 불분명하며 무엇보다 통계적으로 검증되지도 않은 것이다. 물론 중국에 대한 유럽인들의 비교 우위가 그 주민들의 도시 집적에서 비롯되었다는 것은 거의 확실하다. 실제로 그런 도시 집적이 근대 경제 성장으로의 이른 이행에 필요한 자본, 기술, 제도의 형성을 촉진했을 것 같기 때문이다(Braudel 1981-1984; O'Brien et al. 2001). 그러나 이런 인식은 중국 제국이 (그리고 다른 동양의 제국들이) 지나치게 광대하여 국가에 의해 얕게 관리될 수밖에 없었으며 계속 그러했다고 하는 주장으로, 그리고 그 국가는 중상주의적 전쟁의 압력에 도전받는 일이 아주 드물었을 것 같다는 주장으로 이어질 수밖에 없다(Wang 2011; Dinecco and Onorato 2017; Dinecco and Wang 2018). 그렇게 되면 우리에게는 국가 형성과 전쟁, 경제 성장 간의 관계에 대한 가설을 어떻게 틀 짓고 검증할 것인가라는 메타 질문만이 남게 되지 않는가?

| 참고문헌 |

Abernethy, D. (2000), *The dynamics of global dominance: European overseas empires 1415-1980*, New Haven: Yale Univ. Press.

Adshead, S. (1995), *China in world history*, London: Palgrave Macmillan.

Bairoch, P. (1988), *Cities and economic development from the dawn of history to the present*, Chicago: Univ. of Chicago Press.

Barbier, E. (2011), *Scarcity and frontiers: How economies have developed through natural resource exploitation*, Cambridge: Cambridge Univ. Press.

Bateman, V.N. (2012), *Markets and growth in early modern Europe*, London: Pickering & Chatto.

Bayly, C. (2004), *The birth of the modern world 1780-1914*, Oxford: Blackwell.

Beur, G., Schofield, P.R., Chevet, J.-M., & Pérez Picazo, M.T. (eds.) (2013), *Property rights, land markets and economic growth in the European countryside (13th-20th centuries)*, Turnhout: Brepols.

Blaut, J. (1993), *The colonizer's model of the world*, New York: The Guilford Press.

Bodde, D. (1991), *Chinese thoughts, society and science*, Honolulu: Univ. of Hawaii Press.

Boorstin, D. (1983), *The discoverers: A history of Man's search to know his world and himself*, London: Knopf Doubleday Publishing Group.

Braudel, F. (1981-1984), *Civilization and capitalism*, 3 vols., London: Harper & Row.

Bruland, K., Gerristen, A., Hudson, P., & Riello, G. (eds.) (2020), *Reinventing the economic history of industrialization*, Montreal: McGill Queen's Univ. Press.

Broadberry, S., & O'Rourke, K. (eds.) (2010), *The Cambridge economic history of Modern Europe*, vols 1 & 2, Cambridge: Cambridge Univ. Press.

Brook, T. (1998), *The confusions of pleasure: Commerce and culture in Ming China*, Berkeley: Univ. of California Press.

Brook, T. (2005), *The Chinese state in Ming society*, London: Routledge.

Brook, T. (2010), *The Troubled Empire: China in the Yuan and Ming dynasties*, Cambridge, Mass.: Harvard Univ. Press.

Brooke, J. (1991), *Science and religion: Some historical perspective*, Cambridge: Cambridge Univ. Press.

Campbell, B., & Overton, M. (2010), *Agricultural revolution in England: The transformation of the agricultural economy*, Cambridge: Cambridge Univ. Press.

Church, R. (ed.) (1994), *The coal and iron industries*, vol. 10 of R. Chuch & A. Wrigley (Ger. eds.), *The industrial revolutions*, Oxford: Blackwell.

Cipolla, C. (1976), *Before the industrial revolution: European society and economy, 1000–1700*, Lodnon: Routledge.

Crouzet, F. (2001), *A history of the European economy 1000–2000*, Charlottesville: Univ. of Virginia Press.

Clark, P. (2013), *The Oxford handbook of cities in world history*, Oxford: Oxford Univ. Press.

Daly, J. (2015), *Historians debate: The rise of the west*, Abingdon: Routledge.

Deng, K. (2004), "Unveiling China's true population statistics for the pre-modern era with official census data", *Population Review* 43 (2). 32–69.

Deng, K. (2012), *China's political economy in Modern Times: Changes and economic consequences 1800–2000*, Abingdon: Routledge.

Dincecco, M., & Onorato, M. (2017), *From warfare to wealth: The military origins of urban prosperity in Europe*, Cambridge: Cambridge Univ. Press.

Dincecco, M., & Wang, Y. (2018), "Violent conflict and political development over the long run: China versus Europe", *Annual Review of Political Science* 21, 341–358.

Dixin, X., & Chengming, W. (eds.) (2000), *Chinese capitalism 1522–1840*, London: Palgrave Macmillan.

Elvin, M. (2004), *The retreat of the elephants: An environmental history of China*, New Haven: Yale Univ. Press.

Encisco, A. (2017), *War, power and the economy: Mercantilism and state formation in 18th-century Europe*, Abingdon: Routledge.

Engelen, T., & Wolf, A. (eds.) (2005), *Marriage and the family in Eurasia: Perspectives on the Hajnal hyppthesis*, Amsterdam: Aksant.

Etemad, B. (2007), *La possession du monde. Poids et mesures de la colonization*, Lausanne: Editions. Complex.

European Review of Economic History (2008) 12, Symposium (on Cregory Clark's *A Farewell to Alms*).

Floud, R. et al. (eds.) (1981, 1994, 2004 and 2014), *The Cambridge economic history of modern Britain*, vol. 1, Cambridge: Cambridge Univ. Press.

Flynn, D.O., Giráldez, A., & Von Glahn, R. (eds.) (2003), *Global connection and monetary history 1470–1800*, Aldershot: Ashgate.

Frank, A.G. (1998), *ReOrient: Global economy in the Asian age*, Berkeley: Univ. of California Press.

Gerschenkron, A. (1966), *Economic backwardness in historical perpsective*, Cambridge, Mass.: Harvard Univ. Press.

Gills, B., & Thompson, W. (eds.) (2006), *Globalization and global history*, Abingdon: Routledge.

Goldstone, J. (2008), *Why Europe? The rise of the west in world history 1500–1850*, New York: McGraw Hill.

Goodman, J., & Honeyman, K. (1988), *Gainful pursuits: The making of industrial Europe, 1600–1914*, London: Edward Arnold.

Harris, J. (1992), *Essays in industry and technology in eighteenth century: England and France*, Aldershot: Variorum.

Headrick, D. (2000), *When information comes of age. Technologies of knowledge in the age of reason and Revolution, 1700–1850*, Oxford: Oxford Univ. Press.

Headrick, D. (2009), *Power over peoples: Technology, environment, western imperialism, 1400 to the present*, Princeton: Princeton Univ. Press.

Hobson, J. (2004), *The eastern origins of western civilization*, Cambridge: Cambridge Univ. Press.

Jones, E. (1987), *The European miracel. Environments, economics and geopolitics in the history of Europe and Asia*, Cambridge: Cambridge Univ. Press.

Kander, A., Malamina, P., & Warde, P. (2013), *Power of the people: Energy in Europe over the last five centuries*, Princeton: Princeton Univ. Press.

Karaman, K., & Pamuk, S. (2010), "Ottoman state finances in European perspective 1500−1914", *Journal of Economic History* 70 (3), 593−629.

Kaska, E. (2017), "Crisis and austerity in Qing government finances in late eighteenth and early nineteenth century China", Unpublished paper, Univ. of Leipzig.

Kellenbenz, H. (1976), *The rise of the European economy: An economic history of continental Europe from the fifteenth to the eighteenth century*, London: Weidenfeld & Nicolson.

Lebow, R., Tetlock, P., & Parker, G. (eds.) (2006), *Unmaking the west: "What if?" scenarios that rewrite world history*, Ann Arbor: Univ. of Michigan Press.

Lee, J., & Wang, F. (1999), *One quarter of humanity: Malthusian mythology and Chinese realities 1700−2000*, Cambridge, Mass.: Harvard Univ. Press.

Li, B., & Van Zanden, J.−L. (2012), "Before the great divergence? Comparing the Yangtze Delta at the beginning of the nineteenth century", *Journal of Economic History* 72 (4), 956−989.

Liu, G.L. (2005), *Wrestling for power: The state and the economy in later imperial China, 1000−1700*, Cambridge, Mass.: Harvard Univ. Press.

Malamina, P. (2009), *Pre−modern European economy: One thousand years (10th−19th centuries)*, Leiden: Brill.

Mielants, E. (2007), *The origins of capitalism and the rise of the west*, Philadelphia: Temple Univ. Press.

Mitterauer, M. (2010), *Why Europe? The medieval origins of its special path*, Chicago: Univ. of Chicago Press.

Nef, J. (1964), *The conquest of the material world*, Chicago: Univ. of Chicago Press.

Northrup, D. (ed.) (2010), *The Atlantic slave trade* (3rd ed.), Boston: Cengage Learning.

O'Brien, P., Keene, D., Hart, M., & van der Wee, H. (eds.) (2001), *Urban achievement in early modern Europe: Golden Ages in Antwerp, Amsterdam and London*, Cambridge: Cambridge Univ. Press.

O'Brien, P. (2014), "The formation of states and transitions to modern economies: England, Europe and Asia compared", in L. Neal & J. Williamson (eds.), *The rise of capitalism from ancient origins to 1848*, vol. 1 of *The cambridge history of capitalism*, Cambridge: Cambridge Univ. Press.

Parker, G. (2013), *General crisis: War, climate change and catastrophe in the seventeenth century*, New Haven: Yale Univ. Press.

Perdue, P. (2005), *China marches west: The Qing conquest of central Eurasia*, Cambridge, Mass.: Belknap Press of Harvard Univ. Press.

Perrson, K. (2010), *An economic history of Europe: Knowledge, Institutions and Growth, 600 to the Present*, Cambridge: Cambridge Univ. Press.

Perterson, W. (ed.) (2002), *The Cambridge history of China*, vol. 9: *The Ch'ing Dynasty to 1800*, Cambridge: Cambridge Univ. Press.

Pomeranz, K. (2006), "Without Coal? Colonies? Calculus?: Counterfactuals and industrialization in Europe and China", in R. Lebow et al. (eds.), *Unmaking the West: "What-if?" scenarios that rewrite world history*, Ann Arbor: Univ. of Michigan Press.

Prak, M., & Van Zanden, J.-L. (ed.) (2013), *Technology, skills and the pre-mdoern economy in the west and east*, Leiden: Brill.

Rawski, E. (2001), *The last emperors: A social history of Qing institutions*, Berkeley: Univ. of California Press.

Riello, G. (2013), *Cotton: The fabric that made the modern world*, Cambridge: Cambridge Univ. Press.

Ringmar, E. (2007), *Why Europe was first? Social and economic growth in Europe and East Asia, 1500-1850*, New York: Anthem Press.

Rosenthal, J.-L., & Wong, R.B. (2011), *Before and beyond divergence: The politics of economic change in China and Europe*, Cambridge, Mass.: Harvard Univ. Press.

Roy, T., & Riello, G. (eds.) (2019), *Global economic history*, London: Bloomsbury Academic.

Scott, A. (2008), *The evolution of resource property rights*, Oxford: Oxford Univ. Press.

t' Hart, M. (2014), *The Dutch wars of independent: Warfare and commerce in the Netherlands 1570–1680*, Abingdon: Routledge.

Tanimoto, M., & Wong, R.B. (eds.) (2019), *Public goods provision in the early modern economy: Comparative perspectives from Japan, China and Europe*, Oakland: Univ. of California Press.

Thompson, E. (2003), *The Chinese coal industry: An economic history*, London: Routledge.

Torres–Sanchez, R. (ed.) (2007), *War, State and development: Fiscal military states in the eighteenth century*, Pamplona: EUNSA.

Van Zanden, J.-L. (2009), *The long road to the industrial revolution: The European economy in a global perspective, 1000–1800*, Leiden: Brill.

Vries, P. (2015), *State, economy and the great divergence: Great Britain and China 1680s–1850s*, London: Bloomsbury.

Wang, Y.-K. (2011), *Harmony and war: Confucian culture and Chinese power politics*, New York: Columbia Univ. Press.

Wong, E. (ed.) (2011), *The California school in China*, Special issue of *Chinese Studies in History* 45 (1).

Wong, R.B. (1997), *China transformed: Historical change and the limits of European experience*, Ithaca: Cornell Univ. Press.

Wood, E. (2002), *The origins of capitalism – A longer view*, London: Verso.

Wright, T. (1984), *Coal mining in China's economy and society, 1895–1937*, Cambridge: Cambridge Univ. Press.

Wrigley, E.A. (1988), *Continuity, chance and change: The character of the industrial revolution in England*, Cambridge: Cambridge Univ. Press.

Wrigley, E.A. (2016), *The path to sustained growth: England's transition from an organic economy to an industrial revolution*, Cambridge: Cambridge Univ. Press.

Xu, T. (2016), "Chinese development thinking", in E. Reinert et al. (eds.),

Handbook of alternative theories of economic development, Cheltenham: Edward Elgar.

Xue, Y. (2007), "A 'fertilizer revolution'? A critical response to Pomeranz's theory of 'geographic luck'", *Modern China* 33 (2), 195−229.

Yao, X (2000), *An introduction to Confucianism*, Cambridge: Cambridge Univ. Press.

Yun−Casalilla, B., & O'Brien, P. (eds.) (2012), *The rise of fiscal states: A global history 1500−1914*, Cambridge: Cambridge Univ. Press.

Zelin, M. (1984), *The magistrates' tael: Rationalizing fiscal reform in eighteenth century Ch'ing China*, Berkeley: Univ. of California Press.

Zelin, M., Ocko, J.K., & Gardella, R. (eds.) (2004), *Contract and property in early modern China*, Stanford: Stanford Univ. Press.

Zhao, G. (1977), *The development of cotton textile production in China*, Cambridge, Mass.: Harvard University Asia Center.

Chapter 6

유용하고 믿을 만한
지식의 발견과 발전,
확산을 가져온
유럽과 중국의 우주론들

| 요약 |

마지막 이 장은, 중국 제국과 서유럽 간의 경제적 분기가 확장되는 여러 세기 동안 등장한 혁신과 경제 진보에 문화가 어떤 역할을 했는가와 관련해 오랫동안 지속된 논쟁을 개관하고자 한다. 그런데 이 논쟁은 아마 해결될 수가 없을 것이다. 기술 혁신에 대해 우주론(자연 세계의 천체와 지상, 그리고 생물학적 작동에 대한 믿음)이 가진 의미를 찾는 연구는, 비교사의 매우 분화된 몇몇 하위 분야에서 흔히 그렇듯, 여러 학문 분야 연구자들의 협력을 필요로 하는 분야인데, 최근까지도 협력은커녕 이것이 타당한 메타 질문이라는 학자들의 인정도 받기 힘들었다. 그런 식의 협력을 통해서만 밝혀질 수 있는 역사는 국가의 경계를 초월할 뿐만 아니라, 대륙의 경계도 초월한다. 아울러 그것은 자연에 대한 이해 가능성과 결부되어 관련 신념의 확산을 증진하거나 방해하는 종교적 전통과 교육 체계, 이데올로기와 제도적 틀도 포괄한다. 산업화 이전 시기 유럽과 제국 시기 중국에서 과학의 발전을 증진하거나 방해한 요소들의 글로벌 역사와 관련된 문헌은 최근 들어 점점 더 많이 발행되고 있다. 그런 문헌들을 검토해 본 결과, 나는 서구에서 일어난 과학 및 기술상의 변화가 유럽의 기독교 및 고전 전통만이 아니라 대

탐험 항해, 르네상스, 종교개혁과 결부된 유럽에 고유한 내생적인 힘들에 의해 증진되었다는 결론에 이르렀다.

| 주제어 |

과학, 기술, 우주론, 자연철학, 대탐험 항해, 르네상스, 종교개혁, 기독교, 유학, 아리스토텔레스, 코페르니쿠스, 뉴턴, 대학, 문필가 공화국, 능력에 입각한 선발 체제, 니덤

근대 초기 무렵 유용하고 믿을 만한 지식이 등장한 장소는 도시였다(Nelson 1993). 포메란츠는 자신의 독창적인 저작을 둘러싼 논쟁이 경제적 분기에 대해 과학 발전과 기술 혁신 간의 연계성이 가진 중요성을 충분히 진지하게 다루지 않았음을 인정했다. 1949년 허버트 버터필드[1]가 자신의 고전적인 연구서 『근대 과학의 기원 1300-1800년(The Origins of Modern Science 1300-1800)』을 간행하기 이전에도 과학과 기술이 서구의 경제적·지정학적 성장에 아주 중요한 역할을 했다는 주장은 서구가 동방에 비해 문화적으로 우월하다는 주장에 흔히 중심을 차지했다(Butterfield 1949; Nakayama 1984; Duchesne 2011). 따라서 대분기 논쟁에서 과학·기술과 관련한 문화 문제를 그렇게 다루지 않았다는 것은 놀랄 만한 일인 것 같다. 유럽 중심적인 저술들은 인간 활동의 이 영역, 즉 과학·기술에서 일어난 진보와 혁신을 그리스·로마의 고전기 이래 서구 사회가 사실상 독점해왔다

---

1 Herbert Butterfield: 1900-1979년. 영국사와 역사철학을 주로 연구한 영국의 역사가. 캠브리지대학 교수로서 부총장을 역임했고, 1968년에 기사작위를 받았다. 주로 초기에 쓴 『역사에 대한 휘그적 해석』(1931년)과 『근대 과학의 기원』으로 유명하며, 독실한 기독교도로서 연구와 서술에 신앙이 큰 영향을 미쳤다. 특히 자유주의적 역사 해석과 과학적 측면에서 서구의 우월함과 동양의 열등함을 설정하는 역사서술 전통을 확립하여 후대 서구 역사가들에게 큰 영향을 미쳤다.

고 주장한다. 하지만 그런 시각은 1954년 조지프 니덤이 창안하여 지금도 진행 중인 중국의 과학과 문명에 대한 역사적 연구 프로그램으로 크게 힘을 잃었다. 이 프로그램의 결과 약 25권에 이르는 연구서가 간행되었고, 이 책들이 결합하여 보여주는 역사 속에서 중국인의 발견들이 유럽에 선행했음이 입증되었다(Ronan and Needham 1981; Ropp 1990). 이와 함께 중세 이슬람과 인도의 과학·기술사에 대한 유사한 프로그램들이 진행되면서, 보다 낮은 생산 비용으로 끊임없이 다양한 양의 상품 및 서비스를 생산할 수 있는 경제적 잠재력을 증진시키는 식으로 진화하고 성숙한 지식의 발견과 발전, 확산을 발생시킨 장소가 서구였고 그것이 서구가 세계사에 미친 핵심적인 기여였다는 주장은 옹호할 수가 없게 되었다(Needham 1969, 1970; Arrault and Jami 2001; Nordhaus and Romer 2018).

그렇지만 그런 신화를 역사학적 접근을 통해 파괴함과 동시에, 우리에게는 과학적 이해와 기술적 혁신의 장소가 15세기 말 무렵에 아시아에서 서유럽으로 이동했다는 시각이 남게 되었다(Ropp 1990; Davids 2012). 그런 이동은 니덤과 시빈(Sivin)[2] 그리고 그 외 다른 뛰어난 중국 연구자들만이 아니라 동양의 다른 문화 및 문명들의 과학·기술적 혁신에 관심을 가진 역사가들에게도 여전히 핵심적인 관심사이다(Liu 1995; Sivin 1995). 그들의 이런 관심사를 대분기 논쟁에 참여한 학자들은 과소평가했던 것 같다. 그렇지 않았으면 이런 관심사를 가진 학자들의 시각은 대분기 논쟁에서 캘리포니아 학파가 차지하고 있는 지위와 응당 같은 선상에 놓였을 테니까 말이다(Frank 1998; Lieberman 2009; Marks 2012). 캘리포니아 학파는 근대 서구 과학이 그 핵심 전체에 있어 "사회·경제적으로 구성"되었다는 요즘 유행하는

---

2 Nathan Sivin: 1931-2022년. 펜실베이니아대학의 중국학 명예교수. 미국의 중국학 최고 전문가 중 한 명으로 인정받았으며, 특히 중국 과학기술사, 중국 전통 의학, 중국 철학, 중국의 종교 분야에서 뛰어난 업적을 발표했다. A.C. 그레이엄(Graham)과 조지프 니덤 같은 저명한 과학사가들과 여러 공동 작업을 수행했다.

포스트모던적 입장을 은연 중에 취하면서 어떻게든 장소의 이동에 대한 관심을 슬쩍 넘겨버리고 있는 것이다(Golinski 1998). 이런 "사회 구성주의적" 패러다임은 수십 년 동안 과학사 분야를 지배했는데, 그 출발은 서구의 흥기 원인을 물질에 입각해 밝히는 것으로 서구 근대의 등장과 발전, 입지를 설명하는 데 충분하다는 전제에서 비롯되었다(Hacking 1999). 나아가 서구의 흥기 원인을 물질에 입각해 밝힌다는 시각은, 과학과 기술 간의 연계성이 19세기 말까지 여전히 미약했다고 계속 주장하는 역사가들에 의해 강화되고 있다. 근대 초기에 수천 년 동안 유지했던 중국 제국의 생산성 수준과 사회 복지 수준에 유럽이 수렴되고 그 뒤 그로부터 분기하는 과정의 이면에 있는 중요한 요소로서 여기지 않아도 될 정도로 그런 연계성이 미약했다는 것이다(Inkster 1991; Inkster et al. 2009; Liu 1995; Epstein and Prak 2008).

그럼에도, 이런 연구 결과들이 시행착오를 거치며 쌓여가고 있지만, 그것으로 유럽의 학식 있고 부유한 정치 엘리트들이 지녔던 자연 세계에 대한 인식이 언제, 어떻게 유럽의 생산 체제로 도입되는 기술적 혁신에 상대적으로 호의적으로 되었는지, 그리고 그 이유는 무엇인지 설명하고자 하는 분석적 역사 내러티브를 다룰 필요성이 해소되지는 않았음을 강조할 필요가 있다(Bedini 1999). 20세기 이전에 글로벌화하고 있던 세계 경제의 유럽 외 다른 곳에서 그와 비슷한 연계성과 제도들이 조금이라도 의미 있는 규모로 등장하지 않은 이유가 무엇인지 질문할 필요가 있는 것이다(Mokyr 2002, 2017; Cohen 2010; Davids 2012; O'Brien 2009, 2013, 2018).

하지만 현재 과학사는 포스트모던적 허무주의의 맹공에서 벗어나, 종교사와 통합을 이루고 있다. 그것은 (베버와 버터필드, 니덤이 상정했듯이) 서유럽의 일신론적 기독교 체제의 강화가 그 엘리트들 사이에서 자연 세계의 이해에 작용하는 우주론의 발전을 촉진했다고 할 수 있는 믿음과 문화를 발생시켰다는 가설을 뒷받침하기 위한 것이다(Weber 1951; Tremlin 2006; Harrison 2010).

이것은 종교개혁 이전에 일어났지만, 로마 가톨릭이 유럽의 패권 종교로서 자신의 역할을 강화한 이후의 일이었다. 그것은 "계시적 진리"를 위해 자연이 작동한다는 일련의 믿음 외에 모든 것을 억압하는 식으로 작동했고, 이 덕분에 로마 가톨릭의 위계가 해석에 대한 독점권을 보유했다 (Brooke 1991; Tremlin 2006). 그렇지만 초국가적 문화 패권세력으로서 교황과 주교들은 일신론적 이슬람교와 충돌하고 자연 세계에 대한 민중의 환상 및 종교적 이단들에 맞서면서, 그리고 권위를 놓고 세속 통치자들과 다투면서, 성직자와 세속 엘리트의 고등 교육기관을 설립하고 후원하며 통제하는 것을 하나의 방편으로 삼았다(de Ridder-Symoens 1996; Gascoigne 1998). 유럽 중세 대학들의 교과목에는 법학과 의학, 신학에서 논쟁을 수행하는 고전적인 방식에 대한 교육이 포함되었다. 뿐만 아니라 교회가 우주란 하느님이 신의 힘으로 창조하여 관장하는 것이라고 주장했지만, 중세 대학들은 그 우주의 천상과 지상 그리고 생물학적 영역의 작동을 설명하는 일반 이론을 구성하려는 자연철학에 대한 그리스·로마의 고민을 집적하여 교육하기도 했다(Bullough 2004; Hannan 2009; Lowe and Yasuhara 2017).

최근 근대 과학의 기원을 조사하는 학자들은 고전기와 고전기 이후에 이렇게 자연 세계를 표현하고 이해하려는 지적 노력의 전통을 복원하였다. 그들은 태양과 달, 그리고 별의 운행에 대한 유럽인의 이해가 1543년 코페르니쿠스(Copernicus)의 기념비적인 천문학 저서[3]의 발행으로 천구(天球)에 대한 관찰 및 수학적 고찰에 새로운 패러다임이 도입되기 이전에 이미 얼마나 깊은 수준에 이르렀는지를 밝혔다. 이렇게 등장한 새로운 패러다임은 (무엇보다도) "하늘"의 작동에 대한 교회와 교회 기관들의 권위와 모순되었고 그에 손상을 입혔다(Lindberg 1978; Grant 2007; Penprase 2011; Gaukroger 2010).

교회의 경전과 축복받은 고전 문헌들(여기에는 성경과 복음들, 성자의 금언만이 아

---

3 지동설을 주장한 코페르니쿠스(Nicolaus Copernicus: 1473-1543년)가 자신의 견해를 담아 1543년 발행한 『천구의 회전에 관하여(*De revolutionibus orbium coelestium*)』를 말한다.

니라 갈레노스,[4] 히포크라테스, 플리니우스,[5] 유클리드,[6] 프톨레마이오스,[7] 무엇보다 아리스토텔레스 같은 소수의 고전기 저자들의 고전들도 곳곳이 삭제된 채로 포함되었다)에 수록된 교회의 정통적 가르침에 대한 어떤 심각한 도전도 가볍게 다루어지지 않았다(Stark 2001). 이단으로 무시되거나 억압된 다양한 지식(천문학만이 아니라 지상과 기계, 생물학적 존재와 관련된)이 확산되는 데 1세기 이상이 걸렸다. 그것을 유럽의 부유하고 힘 있고 학식 있는 사람들 중 점점 더 많은 이들이 지지하고 믿고 받아들이게 되었다(Lindberg and Numbers 1986). 지성사가들은, 자연 세계에 대한 종교적 색채를 띤 "원형 과학적(proto-scientific)" 관점을 서서히 수용하여 받아들였고 자연 세계의 조작 전망에 대해 낙관적인 시각을 갖게 된 사람들이 서구 엘리트 중에서 얼마나 되었는지를 추산할 수 없을 것이다. 하지만 역사가들은 코페르니쿠스 시대와 뉴턴(Newton) 시대 사이에[8] 그들의 자연 세계에 대한 이해가 크게 성숙해 갔음에 동의할 것이다(Barnes 2000; Grant 2004; Gaukroger 2010; Cohen 2010).

유용하고 믿을 만한 지식이 형성되어 영향력을 발휘하는 것은 여러 단계들을 거치는데, 그것은 인쇄 서적의 확산에도 의존했다. 인쇄 서적의 확산은 새로운 사상과 혜안의 유포에 기초가 되었을 뿐 아니라, 그에 근거하

---

4 Aelius or Claudius Galenus: 129-216년경. 로마 제국 시기 그리스의 철학자이자 의사. 히포크라테스 이래 고대 의학의 완부학, 생리학, 병리학 등 여러 과학 분야에 영향을 주었다.

5 Gailus Plinius Secundus: 23-79년. 로마의 관리, 군인, 학자. 백과사전처럼 박학다식한 지식을 지닌 사람으로, 사상가라기보다는 근면하고 지식욕이 왕성한 수집가였다. 그의 저작 중 37권으로 된 『자연사(*Naturalis Historia*)』가 남아있는데, 거기에는 자연·인문 등 각 방면에 걸친 다양한 지식이 담겨 있으며, 오류는 많으나 자료로서의 가치를 인정하고 있다.

6 Euclid: 기원전 300년경의 수학자로 고대 그리스인인지 이집트인인지 분명치 않다. '기하학의 아버지'라고 여겨지며, 그가 기원전 3세기에 집필한 『원론(*Elements*)』(총13권)은 유클리드 기하학을 주 내용으로 하며 '세계 최초의 수학 교과서'로 평가된다.

7 Claudius Ptolemy: 83년경-168년경. 고대 그리스의 수학자, 천문학자, 점성학자. 천동설을 주장한 것으로 유명하지만, 그 외 많은 부분에서 후대의 과학에 영향을 미쳤다. 유럽의 천문학은 15세기에야 프톨레마이오스의 수준에 이르렀으며, 그 기초 위에서 코페르니쿠스의 지동설이 나올 수 있었다고 한다.

8 16세기에서 18세기까지 과학혁명의 시대를 말한다.

여 자연철학을 논하려는 모임과 학술 단체들의 대화와 서신 교환, 논쟁, 학술회의가 퍼지기도 했다. 이를 통해 농업 생산과 제조업, 무역, 운송, 건강 및 복지에 이용되는, 아울러 전쟁 무기에도 이용되는 기법과 기술의 개선 전망을 논하게 되었던 것이다(Huff 1993; Smith and Schmidt 2007; Baten and Van Zanden 2008).

고등교육기관을 밖에서 후원하는 데 필요한 지위나 부를 갖고 있던 유럽의 도시 지식인들은 하느님의 것인 자연 세계의 작동에 대한 분석과 이해에 헌신하는 '문필가 공화국'(Republics of Letters)[9]이라고 불린 네트워크를 형성했다(O'Brien 2009; Mokyr 2017). 그들은 세계를 이해하는 방식으로서 계시적 진리에 대해 가진 공통의 불만과 모든 자연 현상의 아리스토텔레스적인 고전적 설명 중 아주 제한적인 범위에 부여된 정전으로서의 지위에 대한 회의론을 공유했다. 그들은 교육과 체계적 조사에 대한 기존의 의제 설정에 의문을 품고 이를 확대했다. 거기에는 지구의 나이, 크기, 형태, 지리, 경계에 대한 의문과 태양, 달, 별, 바다, 조류의 움직임에 대한 의문, 그리고 기후, 지진, 광물, 화학물질, 토양, 식물, 동물, 어류, 인체 해부에 대한 의문이 포함되었다(Jacob 1997). 그들은 법과 의학 연구의 수학적·합리적 방법을 둘러싸고 논쟁을 벌였으며, 심지어 자연철학과 패권적이지만 불안한 관계를 유지하던 신학의 경우에도 수학적·합리적 연구 방법을 둘러싸고 논쟁을 벌였다(Lloyd 2009; Huff 2011; O'Brien 2013; Mokyr 2017).

게다가 더욱 유용하고 믿을 만한 지식의 전달자이자 공급자로서 그들의 지위가 가진 확실성과 신뢰성은 우연히도 세 가지 주요한 역사적 사건들로 인해 증진되었다. 그 세 사건들은 유럽인들이 이용할 수 있는 지식의 기초를 확장했고, 계시적 진리와 숭배받는 고전기의 자연 지식을 모두 표상

---

9 17·18세기에 유럽과 아메리카에 걸쳐 형성되었던 지식인 세계를 일컫는 용어이다. 그것은 '계몽주의 시대' 지식인 사이의 의견 교환을 촉진했지만, 여기에는 당시 사회가 가진 시대적 한계로 인해 여성이 포함되지 않았다.

한다는 그리스 문헌의 종교적·학문적 해석이 지닌 신성함을 지키는 기득권자인 교회 엘리트 및 지식인들의 지위에 심각한 손상을 입혔다(Hodgson 1993).[10]

이 세 사건 중 첫 번째로 일차적인 중요성을 가진 것은 종교개혁이었다. 그 이유는 프로테스탄티즘 신학이 자연철학의 재편성에 명백히 더 부응한다고 말할 수 있기 때문만이 아니다. 아울러 그것은 종교개혁과 그에 수반된 끔찍한 전쟁들이 서구 기독교 세계 전체에 대해 자연 세계 조사의 최종 판단권을 누렸던 단일한 혹은 단수형의 종교적 위계가 가진 모든 권위를 격하시켰기 때문이기도 하다(Cohen 1994; Rublack 2017).

둘째, 15세기를 거치며 이베리아인들의 탐험 항해에서 얻은 지식이 세계에 대한 중세 지식의 범위와 영역을 넓히고 그와 충돌하면서, 중세 지식의 힘은 이미 약화되었다. 유럽의 상인과 뱃사람들이 다른 대륙과의 교역에 참여하는 강도가 더욱 커지면서, 그들이 직접 보고 얻은 견해가 세계의 지리에 대한 민간의 공상과 고전 문헌들을 대체하기 시작했다. 나아가 다른 대륙의 크기와 규모, 그곳에 사는 주민, 식물상과 동물상, 광물, 교역 가능한 상품들에 대한 관찰에 입각한 명시적 견해들이 제대로 된 정보에 입각하지 않은 생각들을 대체했고, 낯설지만 유용할 수도 있는 요령을 제공하기도 했다(Hopkins 2002; Headrick 2009; Hart 2008).

아주 중요한 아메리카 대륙의 발견 외에도, 그리고 아메리카만이 아니라 아프리카 및 아시아에서 바다를 통해 유럽 항구로 들어오는 상품화된 지식과 관찰 기록의 유입 증가와 별개로, 1453년 오스만군에 의한 콘스탄티노플 함락으로 수많은 학자들이 이탈리아 도시 및 유럽 내 다른 도시로 이주하게 되었다. 이들은 여러 그리스 작가들이 쓴 거의 알려지지 않은 저

---

10 마셜 호지슨(Marshall Hodgson)은 『마셜 호지슨의 세계사론(*Rethinking World History*)』에서 "1600년에서 1800년 사이 유럽에서 있었던 문화적 변화들"을 "대변동(transmutation)"이라고 부른다. 이런 호지슨의 시각을 저자인 오브라이언은 원용하고 있다.

작들을 가져왔는데, 여기에는 교회가 인정한 아리스토텔레스 철학과는 다른 자연 세계에 대한 철학적 고찰이 담겨 있었다(Grafton 1992; Rossi 2001).

지정학적 변동을 가져온 이 사건은 고전기 문헌의 양과 범위를 늘렸고, 이를 존중받던 고대 인문주의적 자연철학과 관련해 학자와 학식 있는 엘리트들 사이에 전개된 논쟁에서 활용할 수 있게 되었다. 그것은 문헌학적 분석을 자극하여 아리스토텔레스의 저작 속에 있는 오류를 드러내고 정전으로 여겨진 제한적인 스콜라 철학의 고대 지식 체계가 가진 허약함을 보여주었다. 그 지식 체계는 2,000년이나 되었지만, 오랫동안 우주에 대해 체계적으로 이해하고 사고하고자 애썼던 그리스 철학자들이 쓰고 이슬람 철학자들이 발전시킨 서로 다투는 다양한 우주론 중에서 나머지를 삭제하고 선별해 얻은 표본만을 담고 있었던 것이다(Gaukroger 2006).

돌이켜 생각해보면, 여러 세대에 걸쳐 근대 초기 유럽 엘리트들에게 깃든 문화의 역사는 결과와 효과 면에서 과학의 발전에 독특한 이점을 가진 우주론으로 향하는 과정이라고 할 수 있을 것이다. 그리고 그 결과로 나타난 유럽의 과학 발전에 필적할 만한 것을 세계의 다른 곳에서는 사실상 전혀 찾을 수 없었다(Lloyd 2009). 로마 제국의 산물이었던 유럽 중세 기독교 세계의 엘리트 문화는 우주에 대한 비기독교적 사상에 계속 적대적이었다. 그러나 그럼에도 그 문화는 여러 세기에 걸쳐 자연 세계에 대한 관찰과 조사, 고찰이 축적되는 데 남다른 양의 공간과 지위를 부여했던 다른 형태의 일신교[11]를 수용했다. 그런 관찰과 고찰들이 로마 가톨릭 교회의 위계가 해석하여 인정한 성스러운 정전 문헌에 담겨있는 교의 속에 이미 나타나 있고 상술되어 있는 "진리"와 계속 일치하는 한 그렇게 했다(Bona 1995; Noble 1997; Grant 2004).

그런 전개 과정은 직선적인 양상을 띠지도 않았고 속도와 확산 면에서

---

11   이것은 고전기 그리스·로마의 유산을 간직하여 발전시키고 전달한 이슬람 문화를 가리킨다.

혁명적이지도 않았다. 그것은 하나의 지성사로서 계시적 진리와 그리스·로마 시기에서 살아남은 일련의 간행물 간의 충돌을 특징으로 가졌고, 그 간행물 안에는 이슬람 철학자들이 정성 들여 써놓은 역주와 해설들이 있었다(Montgomery 1998; Cohen 2010). 실제로 여러 세기 동안 교회와 그것이 설립한 대학들은 유럽의 고전기 지적 유산을 다루면서 억압과 화해라는 이중적 조치와 태도를 취했다. 하지만 이런 방식은 서유럽으로 들어오는 상품과 견문 기록, 지식의 유입량이 늘어난 결과로 점점 더 유지하기가 어렵게 되었다. 이것은 발견 항해가 가져온 이점이었고, 또한 오스만 군대의 전진으로 촉발된 지식인들의 이주와 유럽 내 여러 나라를 가로지르는 내부 이주의 결과로 얻은 이점이기도 했다(Dear 2001; Grant 2004). 한쪽에 계시적 진리와 다른 한쪽에 물질적·비종교적 목적을 위해 자연 세계를 이해하고 그를 통해 그 세계를 조작하는 대안적 방식을 두고서, 그것들 사이에 발생한 긴장 속에서 자연철학 내에서 확장된 한 흐름은 기독교 신앙의 윤리적·영적 교의 및 목적을 둘러싸고 교회 당국과 무엇보다 심각한 충돌을 일으켰다(Bona 1995; Feingold 2003). 이렇게 발생한 종교개혁은 종교적 신앙상의 분열로 이어졌고 가톨릭과 경쟁하는 프로테스탄티즘 교회 및 국가의 형성을 가져왔다.

한 세기 이상에 걸쳐 종교와 국민적 정체성을 둘러싸고 끔찍한 전쟁이 벌어지는 과정에서, 종교적 권위와 비종교적 권위 간의 힘의 균형은 권력을 위해 지식을 추구하는 중앙집중적인 국가에 유리하게 바뀌었다(Bullough 2004; Gillespie 2008). 다양한 형태의 기독교 신앙과 교회들이 유럽 군주와 귀족 및 부자 엘리트의 충성심을 두고 경쟁했다. 대학에 대한 교회의 지배와 신학이 가졌던 학문적 패권이 약화되었다. 기독교 교육을 위한 교과목이 확대되어, 일련의 개혁적인 종교 신앙과 의례를 포함했을 뿐 아니라, 고전기의 다양한 수학 및 자연철학 연구 문헌도 수정하여 받아들였다. 이런 새로운 문헌들은 오래전에 확립되어 전승되던 아리스토텔레스주의[12]와 그것이 결국 이르게 될 수밖에 없는 스콜라 철학을 대체했다(Gascoigne 1998). 역설적으로 유럽의 종교개혁은 기독교의 신학 담론을 확장시켜 자연철학을 수용케 하고 하느님의 우주 구상이 가진 성격을 넓혔지만, 동시에 종교적 근본주의를 다듬어 강화시켰다(MacCulloch 2003). 전반적으로 보아, 대탐험 항해와 르네상스, 종교개혁은 가톨릭 및 프로테스탄티즘 유럽 내에 학식 있는 엘리트들이 자신의 영적 신앙을 제도화된 지식 추구 및 후원과 조화시킬 수 있는 공간을 창출했다. 이런 지식이 유용하고 믿을 만한 지식의 생산에 더욱 호의적일 수 있는 누구나 이해 가능한 과학적 우주론으로 성숙해 갔던 것이다(Field and James 1993; Dear 2001).

무굴 제국이나 로마노프 왕조, 오스만 제국, 일본, 혹은 중국의 지성사와 관련된 문서 자료 속에서 근대 초기 동안 지식의 형성을 향해 유럽이 걸었던 이런 궤적과 규모와 범위 면에서 유사한 것을 (아직은) 전혀 찾을 수 없다(Bara 2006). 따라서 "놀랄 정도로 유사한" 산업화 이전 세계를 둘러싸고 20년 동안 논쟁을 벌인 이후에도, 서양의 엘리트만이 아니라 동양의 엘리트들도 수용한 우주론들을 체계적으로 비교할 수 있는 상당한 역사적 증거가 나타난 적이 없으며 그 이유도 전혀 명확하지 않다(Montgomery and Kumar 2016). 그러므로 니덤의 유명한 질문[13]은 아직 답을 찾지 못했고,

---

12 Aristotelianism: 고대 그리스 철학자 아리스토텔레스의 성취에 고취되어 성립한 철학 전통을 말하며, 보통 연역적 논리학과 자연철학 및 형이상학 연구에서 귀납적인 분석 방법론을 특징으로 가지고 있다. 아리스토텔레스주의는 이슬람 과학에 크게 영향을 미쳤고, 12세기 이후 라틴어 번역을 통해 유럽으로 다시 들어와 스콜라 철학 완성의 기초가 되었다. 스콜라 철학은 1100년에서 1700년까지 중세 대학 및 교육을 지배한 사조로, 사실상 신학이라고 보아야 하며, 아리스토텔레스 논리학의 힘을 빌려 신의 존재를 이성적으로 입증하는 것을 가장 중요한 목표로 삼았다.

13 조지프 니덤은 '중국의 과학과 문명'에 대한 대규모 연구 프로젝트를 10여 년간 진행하며 고대부터 근대 초기까지 중국의 찬란한 과학·기술적 성취들을 확인한 후 『대적정(The Grand Titration)』에서 다음과 같은 질문을 제기한다. 중국이 혁신과 과학 발전에서 놀라운 도약을 이루었는데, 왜 그것이 멈추었는가? 또 오랫동안 과학·기술 면에서 세계를 이끌었던 중국이 갑자기 치고 나온 유럽에게 뒤처진 이유는 무엇인가? 이 질문은 그 후 '니덤의 질문'이라 불리며 과학사 및 서구의 흥기에 대한 연구에 핵심적인 논제로 자리 잡았다.

그래서 대분기 논쟁에서 높고 중요한 지위를 차지해야 한다(Needham et al. 2004). 그런 유럽의 궤적이 점진적으로 전개된 과정으로서 원형 과학적 신념이 유럽 엘리트의 문화로 침투하고 확산되는 현상의 뚜렷한 가속화로 결과하지 않았다면, 유럽 엘리트의 문화가 지적 선조가 없다면 나타났을 리가 없는 경제·사회적으로 구성된 "과학혁명"의 "상부구조" 같은 것이라고 말하는 것[14]이 타당할 수도 있을 것이다(Liu 2009; Wootton 2015). 그것이 아니라면, 중국과 서유럽에서 일어난 과학적 우주론의 전개과정을 대비하는 것은 기술적 혁신의 분기 흐름에 대한 분석과 무관한 것으로 치부되거나 폄하될 수가 없을 것이다(Cohen 1994; Hishimoto et al. 1995).

조지프 니덤이든 네이선 시빈이든, (중국 과학사의 최고 전문가로서) 그들의 시각에서 볼 때, 유럽 과학혁명의 종교적·문화적 기원과 중요성을 낮게 평가하지 않았다. 시빈은 그것을 정신적으로 "과학에 의해 형성된" 새로운 서구로 보았다. "그것은 인류 역사에 전례가 없는 정도로 학식 있는 이들을 제조업에 관심을 갖도록 이끌었고 수공업자들을 (다른 모든 이들과 함께) 사실과 절차, 상품, 노동에 대해 추상적으로 따져보도록 이끌었다"(Sivin 1995). 두 학자 모두 자신들의 엄청난 학식을 다 바쳐 1500년 이전 여러 세기 동안에는 중국의 과학과 기술이 우월했음을 입증한 역사서술적 전통의 기초를 다졌고, 이것은 1500년 이후 여러 세기 동안 중국이 서유럽에 비해 지체된 이유가 무엇인지에 대한 아직도 계속 진행 중인 논의의 문을 열었다(Selin 1997; Lloyd and Sivin 2002; O'Brien 2013; Mokyr 2017).

캘리포니아 학파와 결합한 일부 학자들이 이런 특정한 상호 비교가 대분기 논쟁에 대해 가진 적절성을 슬쩍 지나가거나 부정하는 경향이 있지

---

14 경제·사회 구성체의 토대/상부구조론에서는 토대가 일차적이며 상부구조는 토대에 대해 이차적인 의미를 갖게 된다. 즉 유럽 엘리트 문화가 과학혁명의 "상부구조"라는 말은 그 문화가 과학혁명의 기초가 아니라 그 결과로 나타난 것이라는 의미가 되며, 원형 과학적 신념이 유럽 엘리트의 문화로 침투하고 확산되면서 과학혁명의 기초를 놓았다는 주장을 부정하게 된다.

만, 그와는 별개로 "중국에 중심을 두고" 논지를 전개하면서도 진지한 학문적 시도로 읽힐 수 있는 연구 성과가 몇 편 간행되었다. 그것들은 명·청대 제국 통치 엘리트들이 받아들인 우주론이 서구에서 발전하고 있던 학문 및 과학의 진보적이고 자극적인 측면에 비해 보수적이었거나 그런 측면에 대해 무관심했다고 어느 정도로 의미 있게 설득력을 갖고 말할 수 있는지에 의문을 표시하고자 한다(Elman 2000, 2005).

그러나 중국의 과학·기술이 서구와 대등한 성격을 유지하는 데 "실패"했다는 주장을 비판하려면, 먼저 다음 두 가지 사실을 전제로 두고 그 수위를 조절해야 한다. 첫째 사실은 근대 초기 동안 서유럽에서 나타난 자연 세계에 대한 과학적 조사의 유형이나 방식 같은 것이 중국의 기록에는 전혀 나타나지 않는다는 점이다(이는 마크 엘빈이 문서를 통해 입증하여 정치하게 제시했다)(Inkster et al. 2009). 중국 지식인들은 '격물(Gewu)'[15]의 범주 하에 연구·성찰하여 실용적 용도와 가치를 가진 "만 개 물건의 제작(The Crafting of 10,000 Things)"에 대한 설명서[16]를 그들 자신의 방식으로 "그들 나름의 용어로" 간행했다(Elman 2005; Schäfer 2011). 이런 인쇄 기록물의 추이에서 파악 가능한 범위와 규모, 그리고 그것이 지닌 잠재적인 우주론적 의미는 아래에서 다시 논할 것이다(Brokaw and Chow 2005). 다음으로 엘빈은, 비록 서구에서 체계적인 자연 조사 방법론이 더 광범위하게 확산되었고 더 큰 결과를 낳았지만, 중국의 자연 세계 조사의 전통에도 서구에서 확산되던 방법론의 사례들이 확실히 포함되어 있었다고 주장했다. 하지만 일인당 기준으로 중국에서 간행된 서적의 규모가 유럽에 비해 상대적으로 작았다는 사실은 경제적 측면에서 엘빈의 주장이 가진 중요성을 부각시키지만, 또한 과학·기술의 문화적 기초라는 측면에서는 그 의미에 제한을 가한다(Selin 1997; Baten

---

15 格物: 주자학의 용어로서, 사물의 이치를 연구하여 끝까지 따지고 파고들어 궁극에 도달함을 이르는 말이다.

16 명의 숭정제 시기인 1637년 간행된 『天工開物』을 말한다.

and Van Zanden 2008).

또한 유용하고 믿을 만하며 잠재적으로 생산적인 지식의 형성에 바친 노력에 대한 제국의 전반적인 투자 범위 및 규모에는 두 가지 점에서 (아마도 상당한 정도로) 제약이 있었다. 첫째, 중등 교육을 받고 기술·재능·욕구를 가진 젊은 사람이 그런 지식의 추구에 시간과 돈을 할당하기 위해 필요한 자극 요소 면에서 제약이 있었고, 둘째, 제국 차원의 과거 시험에서 나온 결과에 기초하여 광대한 영토 제국을 운영할 관료를 충원하는, 왕조를 거듭하며 유지된 전통 역시 제약을 가했다(Elman 2005).

훌륭하다고 할 수 있는 이런 능력에 입각한 선발 제도에 맞춘 교육과정이 중국인 엘리트의 자제들과 그보다 낮은 계층 출신의 소수 재능 있는 학생들에 대한 중등 및 고등 교육의 임무와 형태, 내용에 지배적인 영향력을 행사했다. 특히 후자의 경우에는 친척들이 힘을 모아 그들의 교육 자금을 대었다. 제국의 교육제도는 제국의 정치적 목적에 기여하도록 치밀하게 통제되었고, 제국은 안정과 내부 질서 유지를 위해 유럽식의 강제력과 종교보다는 도덕적·이데올로기적 힘에 더 의존했다(Nakayama 1984). 이상적으로 말해, 학업을 달성한 자들은 제국에 공헌하도록 충원되면서 특권과 권위를 부여받을 자격 증명을 얻게 되었고, 그 특권과 지위는 황제의 법령과 지시를 수행하는 실력자로서의 지위에서 유래했다. 한편 황제의 통치권은 무력으로 유지되었지만 어떤 식으로든 하늘로부터 위임받은 것으로 믿어졌다(Peterson 1980; Elman 2000).

중국의 제국 관리로서 지위를 얻고 승진하거나 식자층의 지위를 얻기 위해 그들이 받은 교육의 내용은 오래된 철학 문헌에 담겨있는 일련의 상호 연관된 도덕 원리에 기초하고 있었다. 이런 도덕 원리들은 (중국에 파견된 예수회 수사들이 인정했듯이) 기독교 세계의 신성한 구약 및 신약에 구현된 도덕률과 유사한 것이라고 말해도 무방할 것이다(de Bary 1981; Yang 1990). 여러 세기에 걸쳐 서로 경쟁하는 신념 체계들(불교와 도교, 그리고 일원론[Monism]을 비롯한)에서 선별하여 적용하는 과정을 통해 형성된 명·청대 중국의 이데올로기 겸 "신학"은 공자(孔子)의 저술에 의해 틀을 갖춘 올바른 행동의 규범으로 발달해갔다(Bodde 1991; Yao 2000; Bal 2008). 역사적으로 볼 때, 최고 수준의 교육에서는 이런 규범이 진화하여 고등 교육을 위한 해설과 비평, 그리고 고전 교과서를 포함하게 되었다. 이것은 출생과 부를 능가하는 사회적 지위의 표식이었고, 국가를 위해 행사할 권한을 가진 지위에 들어갈 수 있는 자격 증명이었다(Rawski 1979; Davids 2012). 중국에서 가장 똑똑하고 뛰어난 젊은이들이 문헌학적 방법을 이용하여 분석한 주자학 문헌들은 오랜 옛날의 대가들에 대한 거의 영적인 숭배를 심어주었고, 이론상으로는 인문주의적이고 교훈적인 연구 형태를 통해 개인적인 깨우침을 구현한 덕(德)을 고취했다(Kim 1982; Elman and Woodside 1994).

　유럽 중심적인 시각에서 볼 때, 제국의 고등 교육 기관이 유지한 가르침의 방식 및 교육 내용, 그리고 특히 그것들이 주로 개인의 행동과 사회적 안정, 정치 질서에 주된 관심을 두는 점 등은 모두 자연 세계의 작동에 대한 훨씬 더 효율적인 조사를 증진하는 우주론의 발전에 그다지 적합하지 않은 것으로 보인다(Lloyd 1996; Lloyd and Sivin 2002). 중국에서는 그런 종류의 지식이 독점 특허권을 통해 개인적인 성과로 보호되지도 않았고, 국가에 의해 소득으로 보상되지도 않았다. 또 그런 지식이 고전적인 해설 및 저작만큼이나 특권적인 어떤 것으로 여겨지지도 않았다. 고전적인 해설 및 저작만이, 조화로운 가족 생활과 조상 숭배, 사회 질서의 안정, 엄청난 영토 제국의 청렴결백한 통치에 기여하는 주자학 패러다임 내에 자리하면서 출간되고 논의되었다(Henderson 1984; Yang 1990).

　명말 무렵에 중국의 일부 지식인들은 전통적 학식이 가진 효용성과 패권에 대해 의문을 품기 시작하면서, 실용적인 교육을 받은 이들에게 제한적인 성공의 표시로 좀 더 높은 지위를 부여할 것을 권유했다(Brook 2010). 다른 지식인들은 유럽 상인들이 제국으로 들여오는 상품에 담겨있는 지식이나 예수회 수사들이 중국 엘리트들을 로마 가톨릭의 종교관 및 우주론으로 전향시키기 위해 조정 관리들에게 전달한 책 속의 지식을 연구할 것을 주장했다. 물론 예수회 수사들의 그런 노력은 허용되었지만 성과를 올리지는 못했다(Wright 1984; Kim 2010). 예측할 수 있듯이, 중국 엘리트 교육의 방식과 내용을 개혁하려는 이질적인 제안들은 실패했는데, 그 이유는 아마도 유럽의 선진적인 과학 지식을 퍼뜨리기에는 예수회라는 통로가 너무 제한적이고 절충적이었기 때문일 것이다. 코페르니쿠스 및 갈릴레오와 결부된 새로운 천문학에 반대하는 그들의 종교적 성향이 이런 노력에 손상을 입힌 것이다(Elman 2005). 하지만 그런 시각은 여전히 많은 논란을 불러일으키고 있다. 중국인 철학자들이 외국에서 들어온 행성 순환에 대한 관측 보고에 어떻게든 자극을 받았는지는 결코 명확하지 않다(O'Brien 2013). 인간 및 인간과 자연의 유기적 관계를 비롯해 지구상의 모든 것을 포괄하는 상호 연관된 조화로운 도덕적 정치 질서와 관련된 주자학적 우주론을 뒤집기는커녕 수정하려는 정도의 개혁조차도 일단 시도되자, 그에 대한 이민족 만주 왕조의 저항은 변화에 맞서는 훨씬 더 큰 보수적 힘으로 작동했던 것으로 보인다. 서구에 중국을 개방하는 것에 반감을 가지고 망설였다는 증거로서 소수 예수회 집단이 유럽의 가장 혁신적인 과학 사상을 청 체제에 전달하는 것을 애매하게 주저했다는 기록이 있다. 하지만 이보다도 위의 저항이 변화에 맞서는 훨씬 더 큰 힘이었던 것 같다(Li et al. 1982). 만약 왕조가 중국의 고전 전통을 시대착오적인 것이고 어쨌든 "야만인의" 사유 방식보다 못한 것으로 여기기 시작하면, 왕조가 가진 통치의 정당성이 훼손될 수도 있었기 때문이었다(Deng 2012).

그럼에도 직접적으로 경제적이고 실용적인 중요성을 가진 토종 및 외국산 "물건들"과 관련된 유용하고 믿을 만한 지식을 담은 출판물들이 계속 풍부하게 인쇄되어 확산되었다. 비록 1911년 제국의 붕괴 때까지 전통적인 우주론은 사실상 여전히 손상을 입지 않은 채로 있었지만 말이다(Selin

2003; Meyer-Fong 2007; Zurndorfer 2009). 유럽과 비교해 볼 때, 그 우주론은, 뛰어난 한 중국 과학사가의 말에 따르면, "형성 중인 지식에 대한 통일되거나 직선적인 내러티브의 모습이 아니라 개별적인 반응들이 여기저기 흩어져 있는 모습"을 가졌다(Schäfer 2011).

청대의 중국 지식인들은 분명 "증거에 입각한 연구"에 시간과 자원을 계속 할애했으며, 그런 지식 중 일부는 의심할 바 없이 발전하여 기술의 개선에 기여했다(McDermott 2006; Golas 2015). 그렇지만 맬서스적 문제를 겪고 있는 유기적 경제를 변혁한다는 엄청나게 복잡한 과업에 그들이 적용한 사고방식과 어휘, 개념적 틀은 여전히 부적절하고 보수적인 것이었다고 볼 수 있다(Qian 1984; Lloyd 1996). "사물"을 연구하는 목적은 여전히 자연 세계의 이해와 잠재적으로 유용한 지식에 기여하는 것이 아니었다. 그보다는 인간을 자연의 일부에 불과한 것으로 인식하고 자연을 조화로운 하나의 전체로 인식하는 주자학 내의 지배적인 경향성을 여전히 존중하는 우주론 내에서 사물의 성질과 진정성, 기원을 밝히는 것이 목적이었다. 이런 조화로운 전체로서의 자연에 속한 만물은 리(理)와 음양(陰陽) 같은 상호 연결된 개념의 프리즘을 통해 계속해서 조사되어야 했다(Bodde 1991; Vogel and Dux 2010). 니덤이 인정했듯이, "중국인의 지혜는 그들의 시대가 오기 전에 자연과 인간, 사원과 국가, 그리고 과거와 현재, 미래의 모든 것을 포괄하는 유기적 우주론을 알아내었다." 이에 더해 그는 통렬한 어조로 이렇게 말했다. 동시대 유럽인들과 달리 중국인들에게는 "우리 자신에게서 나온 훨씬 더 합리적인 신성한 존재가 사람이 읽을 수 있는 법칙을 정초했다는 확신이 전혀 없었기 때문에, 자연의 법칙이 드러나서 그것을 사람이 읽을 수 있다는 자신감이 없었다"(Needham 1969, 1970). 근대 과학의 문화적·종교적 기초를 역사적 사실에 근거하여 정중히 다루는 유서 깊은 전통을 가진 서구 과학사의 연구자들은 니덤의 혜안에 동의할 수밖에 없을 것이다(Harrison 2010). 어쨌든 오늘날 근대 중국 과학에 부여하는 지위와 입장을 그 황금기의 우주론적 기초로까지 거슬러 추적한 적은 없다(Xu 2016). 역설적으로 기후 변화와 팬더믹으로 요동치는 이 시대를 맞아 중국의 우주론을 "지혜"라고 한 니덤이 사뭇 통찰력 있게 보이지 않는가?

| 참고문헌 |

Arrault, A., & Jami, C. (eds.) (2001), *Science and technology in East Asia: The legacy of Joseph Needham*, Liege: Brepols.

Bal, P. (2008), *Neo-confucianism in history*, Cambridge, Mass.: Harvard Univ. Press.

Bala, A. (2006), *The dialogue of civilizations in the birth of modern science*, New York: Palgrave Macmillan.

Barnes, M. (2000), *Stages of thought: The co-evolution of religious thought and science*, Oxford: Oxford Univ. Press.

Baten, J., & Van Zanden, J.-L. (2008), "Book production and the onest of economic growth", *Journal of Economic Growth* 13 (3), 217–235.

Bedini, S. (1999), *Patrons, artisans and instruments of science 1600–1750*, Aldershot: Ashgate/Variorum.

Bodde, D. (1991), *Chinese thought, society and science: The intellectual and social background of science and technology in pre-modern China*, Honolulu: Univ. of Hawaii Press.

Bona, J. (1995), *The Word of God and the language of man: Interpreting nature in early modern science and medicine*, Maddison: Wisconsin Univ. Press.

Brokaw, C., & Chow, K. (eds.) (2005), *Printing and book culture in late imperial China*, Berkeley: Univ. of California Press.

Brook, T. (2010), *The troubled empire: China in the Yuan and Ming dynasties*, Cambridge, Mass.: Harvard Univ. Press.

Brooke, J. (1991), *Science and religion: Some historical perspectives*, Cambridge: Cambridge Univ. Press.

Bullough, V. (ed.) (2004), *Universities, mdedicine and science in the medieval west*, Aldershot: Ashgate.

Butterfield, H. (1949), *The origins of modern science 1300–1800*, London: The Free Press.

Cohen, F. (1994), *The scientific revolution: A historiographical inquiry*, Chicago: Univ. of Chicago Press.

Cohen, F. (2010), *How modern science came into the world: Four civilizations, One 17th century breakthrough*, Amsterdam: Amesterdam Univ. Press.

Davids, K. (2012), *Religion, technology and the great and little divergence: China and Europe compared, c. 700–1800*, Leiden: Brill.

Dear, P. (2001), *Revolutionizing the sciences: European knowledge and its ambitions*, Basingstoke: Palgrave Macmillan.

de Bary, Wm. (1981), *Neo–confucian orthodoxy and the learning of the mind–and–heart*, New York: Columbia Univ. Press.

Deng, K. (2012), *China's political economy in modern times: Changes and economic consequences 1800–2000*, Abingdon: Routledge.

De Ridder–Symoens, H. (ed.) (1996), *A history of the university in Europe*, Vol. II: *Universities in Early Modern Europe (1500–1800)*, Cambridge: Cambridge Univ. Press.

Duchesne, R. (2011), *The uniqueness of western civilization*, Leiden: Brill.

Elman, B., & Woodside, A. (eds.) (1994), *Education and society in late imperial China 1600–1900*, Berkeley: Univ. of California Press.

Elman, B. (2000), *A cultural history of civil examination in late imperial China*, Berkeley: Univ. of California Press.

Elman, B. (2005), *On their own terms: Science in China 1550–1900*, Cambridge, Mass.: Harvard Univ. Press.

Epstein, S., & Prak, M. (eds.) (2008), *Guilds, innovation and the European economy 1400–1800*, Cambridge: Cambridge Univ. Press.

Feingold, M. (ed.) (2003), *The new science and Jesuit sciences: Seventeenth century perspectives*, Dordrecht: Kluwer Academic Publishers.

Field, J., & James, A. (eds.) (1993), *Renaissance and revolution: Humanists, scholars, craftsmen and natural philosophers in early modern Europe*, Cambridge: Cambridge Univ. Press.

Frank, A.G. (1998), *ReOrient: Global economy in the Asian age*, Berkeley: Univ. of California Press.

Gascoigne, J. (1998), *Science, politics and universities in Europe 1600–*

1800, Aldershot: Ashgate.

Gaukroger, S. (2006), *The emergence of scientific culture: Science and the shaping of modernity 1210-1685*, Oxford: Oxford Univ. Press.

Gillespie, M. (2008), *The theological origins of modernity*, Chicago: Univ. of Chicago Press.

Golas, P. (2015), *Picturing technology in China from earliest times to the twentieth century*, Hong Kong: Hong Kong Univ. Press.

Golinski, J. (1998), *Making natural knowledge: Constructivism and the history of science*, Cambridge: Cambridge Univ. Press.

Grafton, A. (1992), *New world's ancient texts: The power of tradition and the shock of discovery*, Cambridge, Mass.: Harvard Univ. Press.

Grant, E. (2004), *Science and religion from Aristotle to Copernicus 400 BC-AD 1550*, Baltimore: Johns Hopkins Univ. Press.

Grant, E. (2007), *A history of natural philosophy from the ancient world to the nineteenth century*, Cambridge: Cambridge Univ. Press.

Hacking, I. (1999), *The social construction of what?*, Cambridge, Mass.: Harvard Univ. Press.

Hannan, J. (2009), *God's philosophers: How the medieval world laid the foundations for modern science*, London: Icon Books Ltd.

Harrison, P. (ed.) (2010), *The Cambridge companion to science and religion*, Cambridge: Cambridge Univ. Press.

Hart, J. (2008), *Empires and colonies*, Cambridge: Polity Press.

Headrick, D. (2009), *Power over peoples: Technology, environment, western imperialism, 1400 to the present*, Princeton: Princeton Univ. Press.

Henderson, J. (1984), *The development and decline of Chinese cosmology*, New York: Columbia Univ. Press.

Hishimoto, K., Jami, C., & Skar, L. (eds.) (1995), *East Asian science: Tradition and beyond*, Kyoto: Kansai Univ. Press.

Hodgson, M. (1993), *Rethinking world history: Essays on Europe, Islam and World History*, Cambridge: Cambridge Univ. Press.

Hopkins, A. (ed.) (2002), *Globalization in world history*, London: Pimlico.

Huff, T. (1993), *The rise of early modern science. Islam, China and the*

West, Cambridge: Cambridge Univ. Press.

Huff, T. (2011), *Intellectual curiosity and the scientific revolution*, Cambridge: Cambridge Univ. Press.

Inkster, I. (1991), *Science and technology in history. An approach to industrial development*, New Brunswick: Macmillan.

Inkster, I., Deng, K., & Liu, J. (eds.) (2009), *History of technology* 29, Special issue on "Chinese technological history: The great divergence".

Jacob, M. (1997), *Scientific culture and the making of the industrial west*, Oxford: Oxford Univ. Press.

Kim, Y.S. (1982), "Natural knowledge in a traditional culture: problems in the study of the history of Chinese science", *Minerva* 30 (1–2), 83–104.

Kim, Y.S. (2010), "Confucian scholars and specialized scientific and technical knowledge in traditional China, 1000–1700: An preliminary overview", *East Asian Science, Technology and Society: An International Journal* 4 (2), 207–228.

Li, G., et al. (eds.) (1982), *Explorations in the history of science in China*, Shanghai: Chinese Classics Publishing House.

Lieberman, V. (2009), *Strange parallels: South–East Asia in global context, c. 800–1830*, Vol. II, *Mainland Mirrors: Europe, Japan, China, South Asia and the islands*, Cambridge, Mass.: Harvard Univ. Press.

Lindberg, D. (ed.) (1978), *Science in the middle ages*, Chicago: Univ. of Chicago Press.

Lindberg, D., & Numbers, R. (eds.) (1986), *God and nature: Historical essays on the encounter between Christianity and science*, Berkeley: Univ. of California Press.

Liu, G. (2009), "Cultural logics for the regime of usefuel knowledge during Ming and early Qing China", *History of Technology* 29, Special issue on "Chinese technological history: The great divergence", 29–56.

Liu, J. (1995), "The Needham Puzzle. Why the industrial revolution did not originate in China", *Economic Development and Cultural Change* 43 (2), 269–292.

Lloyd, G. (1996), *Adversaries and authorities: Investigations into ancient Greek and Chinese science*, Cambridge: Cambridge Univ. Press.

Lloyd, G. (2009), *Disciplines in the making: Cross cultural perspectives on elites, learning and innovation*, Oxford: Oxford Univ. Press.

Lloyd, G. & Sivin, N. (2002), *The way and the word: Science and medicine in early China and Greece*, New Haven: Yale Univ. Press.

Lowe, R., & Yasuhara, Y. (2017), *The origins of higher learning: Knowledge networks and the early development of universities*, London: Routledge.

MacCulloch, D. (2003), *Reformation: Europe's house divided, 1490–1700*, London: Allen Lane.

Marks, R. (2012), *China: Its environment and history*, New York: Rowman & Littlefield.

Marks, S. (2016), *The Information Nexus: Global capitalism from the renaissance to the present*, Cambridge: Cambridge Univ. Press.

Mote, F. (1999), *Imperial China 900–1800*, Cambridge, Mass.: Harvard Univ. Press.

McDermott, J. (2006), *A social history of Chiese book: Books and Literati Culture in Late Imperial China*, Hong Kong: Hong Kong Univ. Press.

Meyer–Fong, T. (2007), "The printed world: Books, publishing, culture and society in late imperial China", *Journal of Asian Studies* 66 (3), 787–817.

Mokyr, J. (2002), *The gifts of Athena: Historical origins of the knowledge economy*, Princeton: Princeton Univ. Press.

Mokyr, J. (2017), *A culture of growth: The origins of the modern economy*, Princeton: Princeton Univ. Press.

Montgomery, S. (1998), *Science in transition: Movements of knowledge through cultures and time*, Chicago: Univ. of Chicago Press.

Montgomery, S., & Kumar, A. (2016), *A history of science in world cultures: Voices of knowledge*, London: Routledge.

Nakayama, S. (1984), *Academic and scientific traditions in China, Japan and the West*, Tokyo: Univ. of Tokyo Press.

Needham, J. (1969), *The great titration: Science and society in East and*

West, Toronto: Allen & Unwin.

Needham, J. (1970), *Clerks and craftsmen in China and the West*, Cambridge: Cambridge Univ. Press.

Needham, J., Robinson, K.G., & Elvin, M. (eds.) (2004), *Science and civilization in China*, vol. 7, Part II: *General conclusions and reflexions*, Cambridge: Cambridge Univ. Press.

Nelson, R. (ed.) (1993), *National innovation systems: A comparative analysis*, Oxford: Oxford Univ. Press.

Noble, D.F. (1997), *The religion of technology: The divinity of man and the spirit of invention*, New York: Alfred A. Knopf.

Nordhaus, W., & Romer, P. (2018), "Integrating nature and knowledge into economy" (*Royal Swedish Academy of Sciences Nobel Prize Lecture*).

O'Brien, P. (2009), "The Needham question updated: A historiographical survey and elaboration", *History of Technology* 29, Special issue on "Chinese technological history: The great divergence", 7–28.

O'Brien, P. (2013), "Historical foundations for a global perspective on the emergence of a western European regime for the discovery of development and diffusion of useful and reliable knowledge", *Jounral of Global History* 8 (1), 1–24.

O'Brien, P. (2018), "Cosmographies for the discovery, development and diffusion of useful and reliable knowledge in pre-industrial Europe and late imperial China. A survey and speculation", LSE, Department of Economic History Working Papers, no. 289.

Penprase, B. (2011), *The power of stars: How celestial observations have shaped civilizaitons*, London: Springer.

Peterson, W. (1980), "'Chinese scienctific philosophy' and some attitudes towards knowledge about the realm of heaven−and−earth", *Past and Present* 87, 20–30.

Qian, W.−Y. (1984), *The great inertia: Scientific stagnation in traditional China*, London: Croom Helm.

Rawski, E. (1979), *Education and public literacy in Ch'ing China*, Ann Arbor: Univ. of Michigan Press.

Ronan, C., & Needham, J. (1981), *The shorter science and civilization in China*, vol. 2, Cambridge: Cambridge Univ. Press.

Ropp, P. (ed.) (1990), *The heritage of China: Contemporary perspectives on Chinese civilization*, Berkeley: Univ. of California Press.

Rossi, P. (2001), *The birth of modern science*, Oxford: Blackwell.

Rublack, U. (2017), *The Oxford handbook of protestant reformation*, Oxford: Oxford Univ. Press.

Selin, H. (ed.) (1997), *Encyclopaedia of the history of science, technology and medicine in non-western cultures*, Dordrecht: Kluwer Academic Publishers.

Selin, H. (ed.) (2003), *Nature across cultures: Views of nature and the environment in non-western cultures*, Dordrecht: Springer.

Schäfer, D. (2011), *The crafting of 10,000 things. Knowledge and technology in seventeenth century China*, Chicago: Univ. of Chicago Press.

Sivin, N. (1995), *Science in ancient China: Researches and reflections*, Aldershot: Variorum.

Smith, P., & Schmidt, B. (2007), *Making knowledge in early modern Europe: Practices, objects and texts 1400-1800*, Chicago: Univ. of Chicago Press.

Stark, R. (2001), *One true God: Historical consequences of Monotheism*, Princeton: Princeton Univ. Press.

Tremlin, T. (2006), *Minds and Gods: The cognitive foundations of religion*, Oxford: Oxford Univ. Press.

Vogel, H., & Dux, G. (2010), *Concepts of nature: A Chinese-European cross-cultural perspective*, Leiden: Brill.

Weber, M. (1951), *The religion of China: Confucianism and Taoism*, Glencoe: Free Press.

Wootton, D. (2015), *The invention of science: A new history of the scientific revolution*, London: Harper Perennial

Wright, T. (1984), *Coal mining in China's economy and society, 1895-1937*, Cambridge: Cambride Univ. Press.

Xu, T. (2016), "Chinese development thinking", in E. Reinert et al. (eds.), *Handbook of alternative theories of economic development*, Cheltenham: Edward Elgar.

Yang, D. (1990), "China's traditional mode of thought and science: A critique of the theory that China's traditional thought was primitive thought", *Chinese Studies in Philosophy* 22 (2), 43–62.

Yao, X. (2000), *An introduction to Confucianism*, Cambridge: Cambridge Univ. Press.

Zurndofer, H. (2009), "China and science on the eve of the great divergence 1600–1800: A review of recent revisionist scholarship in western languages", *History of Technology* 29, Special issue on "Chinese technological history: The great divergence", 81–102.

Chapter 7

논쟁에 열려 있는 결론

| 요약 |

약 20년 간에 걸쳐 전개된 자극적인 대분기 논쟁은 대체로 쿠즈네츠의 근대 경제사 패러다임 내에서 수행되었다. 그 논쟁은 여전히 시행착오를 거듭하며 진행되면서 읽을거리와 생각할 거리를 우리에게 제공하고 있다. 왜냐하면 그것은 근대 이전 시기를 대상으로 대륙을 가로질러 상호 비교 연구를 수행하기에는 그런 패러다임이 한계가 있음을 드러내고 있기 때문이다. 논쟁을 통해 그에 참여하는 역사가와 경제학자들, 그 외 다른 사회과학자들은, 근대 경제 성장으로의 이행이 경로 의존적인 것이었고 세계 여러 나라들 사이에서 순차적으로 발생했으며 그 나라들은 자신의 지리적 부존자원과 복잡하고 다양한 정치적·지정학적·제도적 발전의 역사에 크게 제약을 받았다는 반갑지 않은 깨달음에 재차 이르게 된다. 비교 연구와 논쟁은 여전히 시행착오를 거듭하며 문제를 해결하면서 장기적인 성장을 이해하는 식으로 진행되고 있고, 오늘날 진행되는 여러 논쟁들을 자체의 역사서술적 맥락 속에 올바로 위치시킴으로써 우리는 그 논쟁들의 의미를 제대로 평가하는 데 도움을 얻을 수 있다.

| 주제어 |

유럽 중심주의, 장기적 성장, 시간순에 따른 사실관계의 서술, 계량경제사, 맬서스, 스미스, 엘빈, 포메란츠

오늘날 글로벌 비교 역사 연구의 가장 잘 알려진 실례로 발전한 이 논쟁 속에서 필요한 전문적 식견과 지식을 갖춘 역사가와 사회과학자들 사이에 지적인 학문적 의견 교환이 20년 동안 진행되었다. 그런 의견 교환의 20년이 지난 뒤 대분기 논쟁은 이제 사실상 종식되고 있다(Vries 2016; Parthasarathi and Pomeranz 2016).

"논쟁 없는 역사는 역사가 아니다." 대분기를 둘러싼 논쟁을 자극함으로써, 캘리포니아 학파는 이 논쟁에서 이룬 역사서술 상의 몇 가지 중요한 성취를 자신들의 공으로 충분히 주장할 만하다. 무엇보다도 그들은 중국과 세계 경제의 역사에서 적절한 때에 제국 말기의 중국 경제를 (그리고 그 뒤를 이어 무굴 제국과 오스만 제국, 사파비 왕조 같은 다른 아시아 제국들의 경제를) 서구의 흥기 이면에 있는 제도적·경제적·기술적·과학적·정치적·지정학적 요소 및 힘들과 연관된 역사 연구와 분석적 내러티브의 틀 속으로 가져왔다(Daly 2015).

이런 인간 활동의 물질적 영역 모두에서 중국이 누구보다 앞서 우월한 지위를 차지했던 여러 세기에 대한 역사서술을 견고히 함으로써, 캘리포니아 학파는 유럽 중심주의의 마지막 흔적을 사실상 지워버렸고, 제국 시기 중국을 그것이 오랫동안 지녔던 세계에서 가장 선진적인 유기적 경제로서의 지위로 복귀시켰다. 그 이후에야 서유럽의 경제와 정체들이 몇 세기에 걸쳐 여러 측면에서 비교적 빠르게 처음에는 중국 경제로 수렴되고 그 뒤에는 거기서 분기하면서, 중국 사람들을 열등한 생활 수준과 지정학적 불

확실성, 내부 불안의 상태로 남겨두게 되었다는 것이다(Daly 2014, 2015).

불행히도 명·청대 중국 기록에서 활용 가능한 거시경제적·인구학적 데이터는 양적·질적인 면에서 충분치 않다. 그래서 유효한 통계에 기초를 두고 시간순에 따라 역사적 사실관계를 기술하는 것이 중국 경제와 서구 경제 간의 분기와 수렴의 국면들을 분석하는 데 꼭 필요하지만, 유럽을 중심에 두는 역사가든 중국을 중심에 두는 역사가든 그런 시간순에 따른 사실관계의 서술을 확정하거나 구성하는 것이 불가능하다(Deng and O'Brien 2015, 2016; 반대의 주장은 Broadverry et al. 2018을 보라).

전적으로 중요한 그런 시간순에 따른 사실관계의 서술이 있으면, 그것이 제국 중국 경제와 서유럽 경제 간 분기의 역사적 기원과 그 이후의 확대를 설명할 수 있는 분석적 내러티브의 틀을 제공할 수 있을 것이다. 애석하게도 우리가 이용할 수 있는 전부는, 제국 시기 중국과 유럽의 경제사를 전공으로 하는 학자들이 서고를 꽉 채우고도 남을 정도로 생산한 책과 논문, 논쟁들이다(Deng and O'Brien 2016). 두 지역의 상호 비교에 이용할 기본 데이터가 범위와 질 면에서 결정적으로 차이가 난다는 점 외에, 한자를 읽을 수 없는 사람들이 이용할 수 있는 2차 문헌 자료가 주로 유럽어로 되어 있다는 점도 문제이다. 중국 대학 출신의 학자로서 1949년 중화인민공화국의 설립 이전에 해당하는 제국 시기 중국의 상황과 성격에 관련되는 논쟁에 과감히 뛰어드는 이가 극히 드물기 때문이다(Wong 2011; Perez Garcia and de Sousa 2018). 그래서 논쟁은 여전히 불가피하게 서구 대학에 자리를 가진 학자들이 생산한 2차 자료 중 표본으로 선별한 것에 기초하고 있다(Wong 2011; Vries 2015; Roy and Riello 2019).

그렇지만 일단의 뛰어난 경제사가들이 장기간에 걸쳐 치열한 학문적 논쟁에 개입한 성과로부터, 국가의 부와 빈곤만큼이나 중요도 면에서 보편성을 가지는 글로벌 역사의 테마로 공간과 시간을 가로질러 비교를 수행하고자 하는 동료 학자들과 사회과학자들은 일정한 교훈을 얻을 수 있었다. 대분기 논쟁은, 경제학자들이 만들어놓은 융통성 없는 모델들이 두 개의 대조적인 역사들 이면에 있는 복잡성을 설명하는 데는 취약함을 보여주었다. 그 역사들은 중국의 유기적 경제와 서유럽 경제를 여러 세기에 걸친 장기적인 대분기로 이어지는 전혀 다른 궤적 위에 올려놓은 상호 연관된 환경적·지정학적·정치적·인구학적·문화적 힘들로 이루어졌다(Macfarlane 2014; Deng and O'Brien 2015, 2016).

석탄(중국 제국에도 풍부하게 존재했다)도 중요했지만, 그 이상의 것이 있었다. 청 제국은 경작지와 다른 자연 자원의 통제를 위해 국경 너머로 정복을 수행했고, 이런 정복은 어쨌든 대규모로 이루어졌다. 그러나 그런 곳들이 개발된 정도는 충분치 않았다. 과학·기술 지식의 형성 면에서 위기 상황에 있었음에도, 중국은 그 지식을 형성할 수 없었고 결국 서구에서 지식을 들여와 적용했다. 산업화 이전 제국 중국과 서유럽의 역사에 대한 풍부한 학술 문헌을 통해 나는 (중국의 경우) 대분기는 기본적으로 두 가지 내생적 요인 때문이라고 해도 무방하다는 결론에 이르렀다. 즉, 유리한 자연 자원에 힘입어 일찍이 경제 성장에 착수했지만 그 업보로 자연 자원이 고갈되었다는 점이 첫째이다. 둘째는 이른 경제적 성공에 수반된 타성이 중국이 마주친 맬서스적 문제에 대한 과학·기술적 해결책의 적극적인 추구를 제한했고, 또한 그렇지 않았으면 유리했을 수도 있는 제국 통치의 역사가 가진 힘도 별개로 작동하여 문제 해결의 추구를 제한했다는 것이다(Elvin and Liu 1998; Elvin 2004).

20년간의 논쟁 과정에서 많은 것을 깨닫게 된 지금, 대규모 석탄층의 존재와 아메리카 대륙의 발견 및 개발, 유럽 대륙 내 카롤링 왕조와 다른 영토 제국의 붕괴와 전쟁, 그리고 공공재에 대한 특별한 지출 규모 같은 서유럽에 특수하고 특정한 "우연적" 요소와 힘들을 선별하여 짧게 열거할 수 있다. 하지만 그렇다고 해서 대단히 선별적이고 짧게 열거된 그런 "우연적" 요소와 힘들에 준거하여 위에서 중국의 내생적 요인으로 든 두 가지를 회피하거나 그냥 넘길 수는 없다(Wang 2011). 글로벌 역사의 확산을 심화시키기 위해 상당한 공헌을 한 풍부한 역사 문헌을 조금이나마 섭렵해 온 나는 유럽을 중심에 두고 연구해온 학자로서 (애석하게도 나는 한자를 읽을 수 없다), 제국 시기 중국과 서유럽 간 분기의 연대 설정과 장기 지속을 설명하기 위한 분석적 내러티브를 구성하는 가장 객관적인 방법이 글로벌 경제사의 내러티브를 구성하려는 노력이 가진 한계를 인정하는 것에서 시작된다는 확신을 갖게 되었다. 즉 그런 노력은 칭찬해야 마땅하지만, 장기적인 경제 성장의 연구에 쿠즈네츠식 패러다임을 적용하려면 수량화 작업이 필요한데 이런 작업의 기초가 되는 1차 통계 자료가 없다는 점에서 한계를 가진다는 것이다(Kuznets 1966, 1971; Allen et al. 2011). 유라시아 대륙의 양 끝에 위치한 두 경제가 현저하게 대비된다는 것을 인정하는 것이 다음으로 나아가는 데 더 도움이 되지 않을까? 농업 및 유기적 생산 형태가 지배한 한 시대 동안 중국 주민들이 이용할 수 있던 생태·환경적 공간과 조건, 그리고 자연 자원은 얼핏 보아도 유럽보다 더 광범위한 농작물의 경작과 상품의 가공에 유리했던 것 같다. 이런 것들이 그들의 소비를 증진시키고 무역을 활성화시켰으며 생산의 특화를 가져왔다(Elvin 2004). 이런 자연 자원이 지방 및 지역별 특화를 가져오는 비교우위로 발전하자, 중국의 방대한 영역 전체에 걸쳐 있던 촌락들은 공동의 언어로 소통하고 공통의 문화를 공유하면서 전사들이 만든 왕조들이 유지한 통치와 이데올로기를 따르는 데서 이익을 보았다. 그 왕조들은, 세계에서 가장 큰 하나의 경계를 가진 제국 전체에 시장의 확장과 통합을 이루는 데 필요한 정치적 안정, 내부 질서, 대외 안정을 제공할 것 같이 보였다(Deng 2015). 하지만 만주족이 건설한 청 체제가 제국의 통치를 넘겨받기 전 어느 시점(?)에 생태·환경의 악화 및 자연 자원의 격감을 알리는 징후들이 뚜렷해지게 되었고, 새로운 만주족 체제가 중앙아시아로 영토를 크게 확장하며 통치권을 강화한 후 인구 성장이 가속화되자 그런 경향이 더욱 심화되었다(Rowe 2009; Von Glahn 2016).

요컨대, 이 책에서 영어로 간행된 중국 제국에 대한 수많은 2차 자료를 불가피하게 피상적으로 개관하며 제시한 의미는, 캘리포니아 학파가 시작한 대분기에 대한 유명한 논쟁이 그들이 분석적 내러티브에 기여한 것 이상으로 '서구의 흥기'에 대한 우리의 이해를 심화시켰을 수도 있다는 것이다. 또한 그들은 중국 제국의 성장 시작과 장기적인 지체에 대한 설명을 이해하고 소통하려는 노력 속에서 이전 세대 중국 및 서구 학자들이 간행한 연구 성과들에 담긴 수량화와 비교 방법에 더욱 신중하게 접근하여 우리의 이해를 넓히는 기여를 했다(Elvin 1973, 2004; Elvin and Liu 1998; Deng 1999, 2015). 성장을 일찍 시작함으로써 갖게 된 업보와 맬서스적 압력의 등장, 그리고 그렇게 공간적으로 방대한 제국에 재원을 대면서 운영하는 부담은 애석하게도 수량적으로 정확하게 가늠할 수가 없고 서유럽과 엄격하게 비교할 수도 없다. 그럼에도 그런 요소들은 여전히 중국과 서구 사이의 대분기에 대한 분석적 내러티브에 핵심적인 부분들로 남아있다. 헤로도토스라면 인정하지 않았을까 싶은데,[1] 그 대분기는, 기후변화와 팬더믹이 진행되는 오늘날에는 수렴으로 전화하고 있는 글로벌 역사의 또 다른 장기적 주기에 지나지 않는 것이 아닌가 한다. 애석하게도 이 수렴은 반갑게 맞이할 마음이 그다지 나지 않는 것이지만 말이다(Grinin and Korotayev 2015).

---

1 서구에서 '역사학의 아버지'로 여겨지는 헤로도토스(Herodotus: 기원전 484년경-425년경)는 기원전 440년경 서구 최초의 역사책이라는 『역사(*Histories*)』를 남겼는데, 그는 이 저술을 페르시아 전쟁을 중심으로 기술하지만 무엇보다 동·서간 충돌의 흐름이라는 일관된 전체 속에 페르시아 전쟁을 그 일부로서 파악하는 관점을 보여준다.

| 참고문헌 |

Allen, R., Bassino, J.-P., Ma, D., Moll-Murata, Ch. & Van Zanden, J.-L. (2011), "Wages, prices and living standards in China, 1738-1925: in comparison with Europe, Japan and India", *Economic History Review* 64 (s1), 8-38.

Broadberry, S., Guan, H., & Li, D.D. (2018), "China, Europe and the great divergence: A study in historical national accounting", *Journal of Economic History* 78 (4), 955-1000.

Daly, J. (2014), *The rise of western power: A comparative history of western civilization*, London: Bloomsbury.

Daly, J. (2015), *Historians debate: The rise of the west*, Abingdon: Routledge.

Deng, G. (1999), *The premodern Chinese economy: Structural equilibrium and capitalist sterility*, London: Routledge.

Deng, K. (2015), *Mapping China's growth and development in the long run, 221 BC to 2020*, Singapore: World Scientific Publishing Company.

Deng, K., & O'Brien P. (2015), "Nutritional standards of living in England and the Yangtze Delta Area circa 1644-circa 1840: Clarifying Data for Reciprocal Comparisons", *Journal of World History* 26 (2), 233-267.

Deng, K., & O'Brien P. (2016), "Establishing statistical foundations of a chronology for the great divergence: A survey and critique of relative wage levels for Ming-Qing China", *Economic History Review* 69 (4), 1057-1082.

Elvin, M. (1973), *The pattern of the Chinese past: A social and economic interpretation*, Stanford: Stanford Univ. Press.

Elvin, M. (2004), *The retreat of the elephants: An environmental history of China*, New Haven: Yale Univ. Press.

Elvin, M., & Liu, T.-J. (eds.) (1998), *Sediments of time: Environment and society in Chinese history*, Cambridge: Cambridge Univ. Press.

Perez Garcia, M., & de Sousa, L. (2018), *Global history and new polycentric approaches: Europe, Asia and the Americas in a world network system*, Singapore: Palgrave Macmillan.

Grinin, L., & Korotayev, A. (2015), *Great divergence and great convergence: A global perspective*, Cham: Springer.

Kuznets, S. (1966), *Modern economic growth: Rate, Structure and Spread*, New Haven: Yale Univ. Press.

Kuznets, S. (1971), *The economic growth of nations*, Cambridge, Mass.: Harvard Univ. Press.

Macfarlane, A. (2014), *The invention of the modern world*, Les Brouzils: Fortnightly Press.

Parthasarathi, P., & Pomeranz, K. (2016), "The great divergence debate", www.warwick.ac.uk/fac/arts/history/ghcc/event/parthasarati-pomeranz-text.docs [이 글은, T. Roy & G. Riello (eds.), *Global economic history*, London: Bloomsbury, 2019의 1장으로 수록].

Rowe, W. (2009), *China's last empire: The great Qing*, Cambridge, Mass.: The Belknap Press of Harvard Univ. Press.

Roy, T., & Riello, G. (eds.) (2019), *Global economic history*, London: Bloomsbury Academic.

Von Glahn, R. (2016), *The economic history of China: From antiquity to the nineteenth century*, Cambridge: Cambridge Univ. Press.

Vries, P. (2015), *State, economy and the great divergence: Great Britain and China 1680s–1850s*, London: Bloomsbury.

Vries, P. (2016), "What we know and do not know about the great divergence at the beginning of 2016", Unpublished paper, Univ. of Vienna [https://www.researchgate.net/publication/290920219_What_we_do_and_do_not_know_about_the_Great_Divergence_at_the_beginning_of_2016에서 확인 가능].

Wang, Y.-K. (2011), *Harmony and war: Confucian culture and Chinese power politics*, New York: Columbia Univ. Press.

Wong, E. (ed.) (2011), Special Issue (on "The California School in China") of *Chinese Studies in History* 45 (1).

대분기 논쟁에서 이 책이 가지는 "역사서술적 맥락"

이 책은 유럽 경제사의 대가 중 한 명으로 인정받는 패트릭 K. 오브라이언이 2020년에 쓴 대분기 논쟁에 대한 그리 길지 않은 해설서를 옮긴 것이다. 오브라이언은 이매뉴얼 월러스틴이 『근대세계체제』 제1권을 1974년에 낸 뒤 모습을 나타내던 '세계체제론'을 비판하기 위해 1982년에 간행한 논문[1]으로 우리에게 처음 알려졌다. 하지만 오브라이언은 1967년 옥스퍼드 대학에서 나폴레옹 전쟁 시기 영국 국가재정에 대한 연구로 박사 학위[2]를 받은 이후 이 시기에 이미 유럽 근대 경제사 전문가로서 특히 19세기 영국과 대륙의 산업화를 비교하는 훌륭한 성과를 내놓은 바 있다.[3] 세계체제론을 (혹은 당시 용어를 빌리면, '종속이론'을) 비판하며 식민지나 제3세계가 유럽의 산업화에 기여한 정도가 실제로는 극히 작았음을 통계에 기초해 주장하는 논문을 통해 알게 된 오브라이언은 우리에게 굉장히 유럽 중심적이고 국민경제의 양적 성장을 중시하는 신고전주의 경제학자라는 인상을 주었다. 하지만 이 책의 서문에서 본인이 밝히듯이, 특히 포메란츠의 『대분기』가 간

---

1 Patrick K. O'Brien, "European Economic Development: The Contribution of the Periphery", *Economic History Review*, vol. 35, no. 1 (1982), 1-18.

2 Patrick K. O'Brien, "Government Revenue 1793-1815. A Study in Fiscal and Financial Policy in Wars Against France", Ph.D. diss., Oxford Univ. (1967).

3 Patrick O'Brien and Caglar Keyder, *Economic Growth in Britain and France 1780-1914: Two Paths to the Twentieth Century* (London: George Allen and Unwin, 1978).

행되던 무렵을 전후하여 오브라이언은 글로벌 경제사 분야로 관심을 옮기고 대분기 논쟁에 참여했다.[4] 이후 그는 근대 초기부터 19세기에 이르기까지 유럽(특히 영국)과 아시아의 경제적 경험을 상당히 냉정한 시선으로 비교하는 여러 성과들을 때로는 단독으로, 때로는 다른 연구자와 공동으로 산출해 내었다. 무엇보다 런던경제대학(LSE)의 '글로벌 경제사 연구 네트워크(GEHN)'를 주도하며 발표한 여러 책과 논문, 워킹페이퍼들은 오브라이언이 선험적인 문화적 편견이나 영향으로부터 스스로 거리를 두면서 자신의 한계(특히 한자 같은 타 문자 해독력 상의 한계)를 넘어서기 위해 다채로운 협동 연구들에 과감히 나설 수 있는 뛰어난 경제학자임을 보여주었다.

이 책은 그러니까 오브라이언이 글로벌 경제사로 눈을 돌리고 그와 함께 그 분야의 핵심적 논쟁 주제였던 대분기 논쟁에 관여하면서 얻은 결과들을 20년의 기간이 지난 뒤 정리해 놓은 것이다. 뿐만 아니라 그는 이 책에서 대분기 논쟁이 20년 동안 진행되어온 주요 방향과 핵심 쟁점들, 그리고 그 속에서 제시된 중요한 논자들의 주장까지도 세심하게 분류해 놓았다. 즉 이 책은 오브라이언이 글로벌 경제사에서 20여 년간 연구하면서 그 사이 진행된 대분기 논쟁의 내용을 몇 가지 쟁점으로 체계화해 정리하고, 아울러 각 쟁점과 대분기 논쟁 전체에 대한 자신의 생각도 제시해 놓은 것이다. 그런데 이런 내용을 가진 책이라면, 당연히 방대한 분량을 가질 수밖에 없다고 생각되는데도, 정작 오브라이언이 내놓은 이 책의 분량은 100쪽이 조금 넘는 정도에 불과하다. 따라서 이 책을 구성하는 문장들에는 많은 압축과 함의들이 숨겨져 있어, 책을 읽어내는 일이 쉽지만은 않다. 물론 옮긴이는 이 책을 우리 말로 옮기는 과정에서 이런 압축과 함의들을 최대한 드러내고자, 원문을 직역하기보다는 여러 가지 부연 설명을

---

4 오브라이언이 글로벌 경제사의 중요성을 강조하면서 자신의 전환을 알린 글은, Patrick K. O'Brien, "Historical Tradition and Modern Imperative for the Restoration of Global History", *Journal of Global History*, vol. 1, no. 1 (2006), 3-39이다.

붙여 독자의 내용 이해를 돕고자 노력했다. 하지만 그럼에도 원저의 분량이 너무 적고 압축적이다 보니, 조금은 전체적 흐름에서 독자의 이해를 돕기 위해 몇 가지 설명을 덧붙인다.

이 책에서 오브라이언이 대분기 논쟁에 대해 정리하여 제시하는 내용은 대강 이러하다. 먼저, 대분기 논쟁과 이 논쟁을 시작하고 주도한 '캘리포니아 학파'는 그 이전까지 동양의 경제적 성취에 대한 서구 학계의 인식을 지배하던 '유럽 중심주의'를 크게 후퇴시키는 성과를 거두었다. 그리고 20년간의 논쟁을 거치며 논쟁에 참여한 대부분의 학자들은 중국이 적어도 명말 시기 혹은 청대까지는 '세계에서 가장 선진적인 유기적 경제'의 지위에 있었음을 인정하게 되었다. 이 몇 가지 점에 대해서는 이제 근대 초기 글로벌 경제사를 연구하는 학자들 사이에 이론이 없을 정도로 의견이 일치하게 되었다는 것이다. 다만 중국이 이런 지위에서 더 나아가 스미스적 성장을 이루지 못하고 오히려 오랜 시기 동안 중국보다 열악했던 (서)유럽이 중국을 추월하게 되었던 시기가 언제이냐에 대해선 여전히 논란이 있지만 (1800년보다 여러 세기 앞서 –1500년 전후– '분기'가 시작되었다는 견해와 어쨌든 '분기'는 1800년보다 약간 앞서는 시기, 즉 1700년에서 1800년 사이에 시작되었다는 견해가 맞선다), 오브라이언은 "1644년과 1846년" 사이의 200여 년 사이로 그 시기를 넓게 잡고 있다. 그가 이렇게 다른 학자들과 달리 '분기' 시기를 넓게 잡는 이유는, 아마도 2장에서 중점적으로 다룬 대분기 논쟁에서 이용하는 통계가 가진 문제 때문인 것 같다. 오브라이언이 켄트 등과 함께 오랫동안 밝혔듯이, 대분기 논쟁에서 다루는 지역별 통계 데이터는 직접적인 지역 간 비교에 이용하기 힘들 만큼 서로 성격도 다르고 양적으로도 충분하지 않다. 그럼에도 통계에 기초한 전통적인 계량경제사 방법을 고수하는 학자들은 이런 통계 데이터를 직접 대비하여 '(서)유럽에 유리한' 결론을 끌어내고 있다. 오브라이언은 이런 방식이 문제가 있음을 제대로 밝히고 있고, 그래서 직접적인 통계 데이터의 대비보다는, 비교를 염두에 두지 않는 양 지역의 경제적 사실관계에 대한 세밀한 역사서술의 복원이 우선되어야 하며, 이후 비교가 진행되어야 한다고 주장한다.

두 번째로 캘리포니아 학파가 대분기 논쟁의 과정에서 이룬 성과는, 경제 현상에 대한 생태 환경적 접근 방법의 확립이다. 사실 근대 이전의 농업 중심 경제는 당연히 주변의 생태 환경적 제약에 크게 영향받고 성장에 한계가 주어지는 '유기적 경제'의 성격을 가진다. 따라서 근대 이전 경제에 대한 역사적 접근은 필수적으로 생태 환경적 조건에 대한 천착을 기초에 놓아야 한다. 이렇게 본다면 캘리포니아 학파가, 특히 포메란츠가 근대 초기 중국 경제사를 서술하며 생태 환경적 조건을 깊이 논의하고 이를 서구와 대비한 것은 자연스러운 일이다. 이들만이 아니라, 근대 이전의 중국 경제사 연구의 성과들은 이미 대부분 이렇게 생태 환경적 조건을 중심에 두고 진행되어왔다고 해도 과언이 아니다. 그런데 산업화 이후의 경제에 초점을 두는 유럽 경제사 전공의 경제사가들에게는 이런 경제사 연구 방식이 남다르게 보였던 것 같다. 사실 대분기 논쟁 이전까지 (심지어 월러스틴의 세계체제론 논쟁까지도) 세계 경제사에 대한 논의는 서구 경제사뿐이었다고 보아도 지나친 말이 아닐 것이다. 인도나 중국, 일본, 혹은 여느 비(非)유럽 지역 경제사에 대한 연구는, 경제사 분야 내에서도 일종의 '변방' 취급을 받았다고 볼 수 있을 것이다. 따라서 대분기 논쟁과 캘리포니아 학파는, 반드시 21세기 환경에 대한 관심의 촉발과 연동된 것이라고 꼭 집어 말할 수는 없지만, 경제사 내에서 환경과 경제의 관계가 경제사 이해에 핵심적인 요소일 수 있다는 인식을 가져오는 큰 성과를 거두었다.

세 번째로 오브라이언이 이 책에서 정리하는 것은, 위의 여러 성과에도 불구하고 대분기 논쟁의 주역인 캘리포니아 학파가 가진 문제점들이다. 그는 대분기 논쟁 이전부터 꽤 오랜 전통을 가진 서구 학계의 중국 역사 연구 성과를, 특히 마크 엘빈과 같은 중국학의 대가들이 이룬 성과들을 중요하게 여겨야 한다고 본다. 그런 성과들은 대분기 논쟁에 참여하는 캘리포니아 학파들의 견해와는 약간의 차이가 있다는 것이다. 캘리포니아 학파는 서구와 중국 간의 '분기'가 주로 '외생적 요소', 즉 맬서스적 한계를 돌파하는 데 크게 기여한 우연적 사건들, 값싸고 운송 비용이 적게 드는 석탄의 발견과 이용, 그리고 엄청난 부가 수익을 안겨준 아메리카 대륙의 발견과 식민화에 기인한다고 보는데, 기왕의 중국사 연구자들은 이미 명말부터 중국 경제에 내생적으로 문제가 발생하고 있음을 보여주고 있다. 따라서 캘리포니아 학파의 주장처럼, 중국에게 석탄과 아메리카 식민지 같은 '횡재'가 따르지 않은 것은 사실이지만, 중국 경제가 정체되고 결국 서구 경제의 성장에 의해 추월당하는 것은 그 자체의 내생적 요소의 작용에 의한 부분이 크다는 것이 오브라이언의 주장이다. 그리고 이런 내생적 요소의 작용은 성장 가능성의 최정점에 이른 세계에서 가장 선진적인 유기적 경제에게 당연한 것이었고, 이를 '돌파'하기 위해서는 그를 가능케 하는 국가 역량의 구축과 수행이 필요한데 그것이 당대 중국의 제국 체제에는 부족했다는 것이다. 그런데 오브라이언이 보기에, 특히 캘리포니아 학파는 이 점을 제대로 인정하지 않고 있다.

네 번째, 내생적 요소로서 서구와 중국의 국가 역량이 한 역할만큼이나 '분기'에 중요한 역할을 한 것이 서구의 '과학·기술 문화'이다. '유기적 경제'가 가진 생태 환경적 제약을 '돌파'하여 스미스적 성장으로 나아가는 데 가장 주요한 요소가 '기계론적' 과학·기술상의 창조성과 '발명'이기에, 과학사는 대분기 논쟁에서 핵심적인 역할을 해야 할 부분인데, 실제로는 그렇지 않았다는 것이다. 여기서 오브라이언은 서구의 계몽주의와 그 이전부터 ─심지어는 중세 기독교 세계의 문화에서부터─ 내려오는 과학·기술에 친화적인 서구의 문화를 강조하는 최근 연구 성과들[5]을 적극 수용하여, 중

---

5 대표적인 것으로 이 책에서도 자주 언급하는, 조엘 모키어의 성과들을 들 수 있다. Joel Mokyr, *The Lever of Riches* (Oxford: Oxford Univ. Press, 1990); *id.*, *The Gifts of Athena* (Princeton: Princeton Univ. Press, 2002).

국과 서구 사이에 존재한 경제적 효율성을 지닌 기계적 '발명'의 격차에는 '문화적 배경'이 깔려있음을 강조한다. 오브라이언은 대분기 논쟁에 대한 경제사학적 정리를 죽 해오다가 마지막 장에서 '문화론'적 설명으로 끝맺으며 중국과 서구 간의 '대분기'가 문화적 측면에서는 이미 오래전부터 예정되었다는 듯한 인상을 주고 있다.

이렇게 몇 가지 논점을 중심으로 20년간의 '대분기 논쟁'을 깔끔하게 요약하고 있는 오브라이언의 정리는 독자들로 하여금 복잡하게 전개된 논쟁을 비교적 쉽게 이해할 수 있게 하고 주요 논점이 어떻게 전개되어왔는지를 바로 파악할 수 있게 한다. 그럼에도 '대분기 논쟁'의 현재 전개와 관련해서 오브라이언의 정리에는 몇 가지 한계도 있다. 우선, 마지막 장의 '열린 결론'에서 논쟁이 "사실상 끝나가고 있다"고 밝힌 것은 너무 앞선 것이라는 생각이 든다. 옮긴이가 보기에, '대분기 논쟁'이 가진 가장 큰 성과는 끝없이 확장해 갈 수 있는 수많은 논의 요소들을 지니고 있다는 점인 것 같다. 이 논쟁은 지금도 여러 작은 분야로 나누어져 논쟁이 벌어지고 있고, 이 작은 분야의 논쟁 결과에 따라 전체적인 논쟁의 흐름도 달라질 수 있는 성격을 갖고 있다. 그런 점에서 이 논쟁은 아직도 격렬하게 진행 중이라고 보는 것이 옳을 것이다.

둘째, 오브라이언은 흥미롭게도 캘리포니아 학파와 전문적인 중국사 연구자를 분리해서 다루고 있다. 마치 전혀 다른 논자들이고 얼마간 서로 다투기도 하는 것처럼 말이다. 그런데 흔히 캘리포니아 학파로 여겨지는 사람들 중에는 전문적인 중국사 연구자가 다수이다. 물론 안드레 군더 프랑크 같은 이는 아니지만, 포메란츠와 로버츠 마크스, 리처드 폰 글란 같은 학자들은 전문적인 중국사 연구자로서 한문 독해도 가능하며 중국어로 논문도 발표하는 학자들이다(심지어 일본어가 가능한 이도 있다). 대분기 논쟁에 중국 학자들의 참여가 미비한 점을 애석해하고 학자들 사이에 한문 독해 능력이 부족한 것을 비판하는 것은 이해할 만한 일이다. 하지만 그래서 캘리포니아 학파가 중국 전문 연구자와는 거리가 있는 듯한 인상으로 기술하는 것은 확실히 문제이다. 포메란츠나 마크스, 폰 글란 등은 대분기 논쟁 이전에 전문적인 근대 초기 중국 경제사 연구로 이미 상당한 성과를 낸 학자들이고 이들은 한문 독해 능력이 부족하지 않다.[6] 한문 독해 능력이 부족한 것은, 대분기 논쟁에 주요한 한 축을 차지하는 영국 및 유럽 경제사 전공자들이다. 그래서 이들은 자신의 이런 부족을 채우기 위해 2010년 이후에는 중국인 학자와 협업 연구를 주로 수행하여 성과를 내고 있다.

캘리포니아 학파의 연구 성과에 마크 엘빈과 같은 대표적인 중국사 연구자의 성과가 반영되어 있지 않다는 오브라이언의 비판은, 캘리포니아 학파의 저작에 대한 충분한 독해에 근거한 것이라고 보기 힘들다. 오히려 캘리포니아 학파가 내생적 요소로 인해 중국 경제가 명말부터 맬서스적 한계에 이르렀다고 보는 중국사 연구 성과에 초점을 두지 않은 것은, 그들이 외생적 요소에 중점을 두고 있기 때문이라고 보아야 할 것이다. 문제는 지금까지 외생적 요소를 무시하고 내생적 요소만으로 유럽 경제사, 나아가 중국을 비롯한 비(非)유럽 경제사까지 이해하려는 경제사의 기본 연구 방식 ―그 결과는 언제나 후자는 전자의 기준에 맞지 않아 열등하다는 식이다― 에 대한 이의제기이다. 이것은 유럽 경제사 연구의 전형적인 방식으로, 이런 방식을 수행하는 학자들은 기본적으로 '유럽 경제의 성장은 내부적으로 완벽했다'는 편견에 입각해 있다. 포메란츠를 비롯한 캘리포니아 학파는 이에 대한 문제 제기로서 외생적 요소를 중시하는 입장을 취하고 있으며, 내생적 요소는 얼마간 지나가며 다루고 있다. 사실 명말부터 중국의 '유기적 경제'가 맬서스적 한계와 이를 극복하기 위한 국가 역량의 한계에 마주치기 시작했다는 것이, 유럽과 같은 외부적 '횡재'가 없었기에 중국이 맬서

---

6 포메란츠는 심지어 중국인 경제사학자들과 논쟁을 벌이기도 했다. K. ポメランツ, 「日本語版 への序文」, 川北稔監譯, 『大分岐 - 中國, ヨーロッパ, そして 近代世界經濟の形成』(名古屋: 名古屋大學出版會, 2015), 8-11쪽 참조.

스적 제약을 돌파하지 못했다는 주장과 상충되는 것도 아니다. 게다가 '분기'의 시점을 그렇다고 해서 명말로 앞당기지도 못한다. 어쨌든 명말의 중국 경제를 같은 시기 서구 경제가 추월한 것은 아니기 때문이다.

마지막으로 결국 다시 '문화'로 돌아가는 오브라이언의 논지는 조금은 실망스럽다. 유럽 경제사를 전공하는 많은 경제사가들이 글로벌 경제사 분야로 들어와서 여러 가지 요소들을 모색하다가 최종적으로 '문화'로 돌아가는 모습을 보이기 때문이다. 그런데 이 지점에서 이들이 의거하는 것은, 과학사가나 문화사가의 성과가 아니라 경제사 전공자로서 문화에 관심을 두고 연구한 학자들의 성과이다. 대표적으로 모키어를 들 수 있다. 모키어는 19세기 전반 네덜란드 지역의 경제 성장을 주제로 박사학위를 받은 경제사가이다. 사실 오브라이언이 과학사의 성과가 대분기 논쟁에 큰 역할을 못했다고 비판하지만, 근대 초기 유럽이나 중국, 혹은 다른 지역의 과학에 대한 수많은 과학사 연구 성과를 충분히 수용하지 못한 것은, 유럽의 과학 '문화'를 강조하는 경제사학자들인 경우가 더 많다. 이미 영국 경제사 전공자로서 대분기 논쟁에서도 중요한 역할을 한 로버트 앨런은 산업혁명에서 기술 '발명'의 역할이 중요했지만 그렇다고 그것이 과학 '문화' 때문에 나타난 것은 아니라는 입장을 취했다.[7] 또 19세기에 한참 들어서까지도 과학적 지식과 기술 변화가 상호 긴밀하게 연결되었다고 보기가 힘들다는 과학사의 연구 성과는 지금도 계속 축적되고 있다.[8] 이런 성과들을 줄곧 무시하면서, 중세 이래 기독교적 전통 하에서 성장한 유럽의 과학 '문화'가 증기기관을 비롯한 근대 산업화를 가져온 기술적 혁신을 가져왔다고 계속 주장

---

7 R.C. Allen, *The British Industrial Revolution in Global Perspective* (Cambridge: Cambridge Univ. Press, 2009).

8 H.J. Cook, *Matters of Exchange: Commerce, Medicine, and Science in the Dutch Golden Age* (New Haven: Yale Univ. Press, 2007); K. Raj, *Relocating Modern Science: Circulation and the Construction of Scientific Knowledge in South Asia and Europe* (Delhi: Permanent Black, 2007).

하는 것이 '문화'로 경제사를 설명하려는 경제사가들이다.[9] 사실 이런 식으로 경제사가들이 과학·기술의 발전 문제를 이용하는 것은, 오브라이언이 중요하게 인용하는, 중국 과학사의 대가들인 조지프 니덤이나 네이선 시빈의 문제의식과도 맞지 않을 것이다.

이상에서 이 책에서 오브라이언이 제시하는 기본 논지와 대분기 논쟁의 맥락 속에서 그것 자체가 가진 문제점들을 몇 가지로 정리해 보았다. 대서양 해역경제와 동아시아 해역경제의 비교를 통해 근대 초기 이후 역사 흐름에 대한 나름의 시각을 제시해보려는[10] 옮긴이에게 '대분기 논쟁'은 줄곧 주된 관심사 중 하나였다. 그렇기에 옮긴이에게 2020년에 나온 오브라이언의 이 책을 읽는 것은 절대 피할 수 없는 일이었다. 솔직히 이 책을 우리말로 옮길 생각은 전혀 없었다. 단지 20년간에 걸친 대분기 논쟁을 핵심만 간추려 확실하게 정리해 놓았기에 유용한 참고문헌이 될 것이라고만 생각했다. 그러던 중 본인이 속한 인문한국 플러스 사업단 '바다인문학' 연구의 2단계 2년차 아젠다 주제, '해양적 시선에서 본 인간과 자연'에 이 책이 조응함을 알게 되었다. 특히 '바다인문학' 연구에서 올해 핵심적으로 추진할 연구 주제가 '동아시아 해역세계의 환경경제'이기에, 그 주제의 '대분기 논쟁'과의 관련성과 이 책 내용이 주는 시사성이 분명해 보였다. 그래서 조금은 급하게 이 책의 번역을 연구소 운영진에 제안하고 번역을 추진했다.

이 책의 영문 원본 분량이 색인을 제외하면 114쪽에 불과하고, 내용도 명확한 표현을 앞세우는 경제가 중심인지라, 옮긴이는 솔직히 이 책의 번

---

9 예컨대, 모키어를 비롯한 경제사가들은 이런 유럽의 과학 '문화' 속에서 열역학에 대한 이해가 일찍 발달하여 퍼졌고 그것이 증기기관의 발명을 가져왔다고 주장하는데, 과학사가들은 오히려 열역학의 원리에 대한 완전한 이해는 증기기관이 발명되고도 한참 뒤의 일이었다고 한다.

10 일종의 예비적 연구로서, 현재열, 『해역 속의 인간과 바다의 조우: 세계경제와 해역경제』 (선인, 2021)을 참조.

역이 단기간에 쉽게 끝날 것이라고 생각했다. 하지만 이는 옮긴이의 우매한 생각이었다. 이 책이 담고 있는 내용은 수많은 세계적 학자들이 관여하여 20년간에 걸쳐 진행한 거대한 학문적 논쟁을 앞서 말한 몇 가지 주제에 따라 정리하고 나름의 평가를 제시하는 것이다. 따라서 양이 적은 만큼 더욱 더 표현과 서술 방식이 압축적이며, 한 문장 한 문장에 담긴 의미가 너무 컸다. 경제사 관련 공부를 그래도 10년 정도 했다지만, 경제학 자체가 전공도 아닌 옮긴이가 이 압축적이면서 방대한 의미를 담은 글들을 하나씩 풀어내는 일은 결코 쉬운 일이 아니었다. 그래서 번역에 생각보다 많은 시간이 걸렸다.

그 동안 봐온 경제사 문헌을 되돌아보면, 대부분의 경제사학자들의 글은 상당히 읽기가 편했다. 쓸데없는 수식이 최소화되어 있고 앞 내용과의 연결 과정도 아주 자연스럽게 처리되어 있었다. 그저 써놓은 글을 따라가다 보면 자연스럽게 의미가 이해되었고 다르게 해석할 여지가 별로 없었다. 다만 포메란츠의 『대분기』만은 단락마다 앞의 내용을 부연하여 설명하는 부분이 극도로 생략되어 전체적 의미를 일관된 맥락 속에서 연결하여 읽어내는 것이 극히 어려웠고, 그래서 책을 읽는 데 많은 시간이 걸렸다. 포메란츠의 책이 읽기에 얼마나 불편한지는, 그의 책 영어 원본과 일본어판, 한국어판을 대조해 보면 잘 알 수 있다. 일본어판은 문장마다 원래 영어 원본의 문장보다 훨씬 많은 부가적 내용을 더해 작성되어 있다. 일본어판을 낸 여러 일본인 경제학자들이 일일이 포메란츠에게 직접 의미를 물어가며 영어를 옮겼다고 한다. 한편 한국어판은 아쉽게도 경제학자 혹은 경제사학자가 아니라 전문 번역가가 옮기면서 포메란츠의 영문 글을 문자 그대로 옮겨놓았을 뿐으로, 옮기는 과정에서 부연하여 덧붙여야 하는 부분들이 모두 빠져있다. 그러다 보니 어떤 문장은 원래 포메란츠의 의도와는 정반대의 의미로 번역되어 있는 경우도 있다. 실제로 포메란츠의 영어 원본은 문장을 그대로 해석하면 의도와는 반대로 읽히는 경우가 자주 있다. 맥락 속에 두고 생략된 내용을 부연하여야 원래 의도가 드러나는 것이다. 이런 경험을 한 옮긴이는 오브라이언의 이 책은 전혀 그렇지 않을 것이라고 생각하고 접근했다. 물론 이 책은 『대분기』만큼 복잡하고 어렵지는 않았다. 하지만 옮긴이의 생각과 달리, 이 책도 논쟁의 여러 내용을 압축적으로 담아야 하다 보니 많은 부분에서 생략이 있었고 또 반대로 문장이 지나치게 길기도 했으며, 그래서 경우에 따라 우리 말로 옮기면 의미가 모호해지는 부분이 적지 않았다. 최대한 문장을 나누고 생략된 부분들을 부가하여 옮겨 의미를 명확히 하고자 노력했지만, 실제 그 결과물이 어떠한지는 독자들의 판단에 맡긴다.

번역서를 여럿 내었지만 언제나 작업을 끝낼 때면 감사할 사람들이 떠오른다. 당연히 이 책의 번역서 출간을 갑작스럽게 제안했지만 이를 흔쾌히 받아주신 한국해양대학교 '바다인문학' 연구사업단 단장이자 국제해양문제연구소 소장 정문수 교수께 먼저 감사드려야 할 것이다. 이 책이 담고 있는 아시아와 유럽을 넘나드는 복잡한 역사적 사정을 서양사의 한 귀퉁이만 들여다보던 옮긴이가 조금이나마 알게 되어 감히 이런 책을 우리말로 옮기는 힘든 작업에 뛰어들 수 있게 된 것은 전적으로 10여 년 동안 같은 공간에서 다양한 주제로 의견을 교환해 온 연구소 동료 교수님들 덕분이다. 지금은 '바다인문학' 연구 수행에 매진하고 있는 국제해양문제연구소의 교수님들께 감사 인사를 드린다. 또한 갑자기 번역 대상 도서를 바꾸는 돌발 상황 속에서도 책을 편집하여 간행하는 데 정성을 다해 주신 도서출판 선인의 편집진께도 감사의 말씀을 전한다.

언제나 그렇듯이, 한 고비를 넘길 때마다 가족의 존재에 힘을 얻는다. 늘 거기 있어 내게 행복을 주는 원옥, 수경, 명해에게 고마움을 전한다.

2022년 9월 가을 문턱에
현재열 씀

ㄱ

가경제(嘉慶帝) 106, 107
가내 수공체제(kauf system) 141
가족농 117
갈레노스 164
갈릴레오 174
개간 79, 83, 86, 103, 108, 109
개념 미술 59
건륭제 31
격물(格物) 171
경작지 58, 63, 64, 74, 76, 77, 78, 80, 82, 83,
       84, 85, 86, 105, 108, 110, 111, 116,
       117, 131, 135, 137, 190
경제 성장 26, 33, 53, 56, 81, 83, 85, 97,
       100, 108, 115, 127, 136, 142, 149,
       190, 191
계량경제사 188
계몽주의 25, 38
고도의 평형상태 트랩(high level
       equilibrium trap) 39, 82, 117, 135
골튼, 프랜시스 34
공공재 96, 99, 100, 101, 106, 148, 190
공자(孔子) 173
과거(科擧) 80, 172
과학 31, 32, 33, 35, 96, 142, 143, 147, 159,
       160, 161, 162, 163, 167, 170, 171,
       174, 175, 190
과학사 162, 170, 175
과학혁명 170

관개 33, 74, 78, 82, 86, 107, 108, 109, 110,
       112, 113, 115, 117, 145
광저우(廣州) 60
교회 163, 164, 166, 167, 168
구조 변동 82, 85, 87, 95, 96, 98, 108, 127,
       128, 134, 143
국가 재정 역량 103
군사력 35, 102, 115
궤적 28, 41, 42, 51, 52, 53, 54, 55, 64, 83,
       85, 115, 132, 135, 140, 146, 148,
       169, 170, 190
근대 경제 25, 41, 96, 133, 149, 187
글로벌 경제사 191, 196, 197, 202
글로벌화 27, 162
기계화 98, 133, 138, 139, 141, 143
기독교 29, 31, 146, 159, 160, 162, 166, 167,
       168, 169, 172
기술 27, 28, 30, 31, 32, 33, 35, 38, 42, 54,
       84, 85, 96, 98, 111, 127, 132, 136,
       138, 139, 140, 143, 147, 149, 159,
       160, 162, 165, 170, 171, 172, 175,
       189, 190

ㄴ

남아시아 28
냥(兩) 62, 101, 106
네덜란드 60, 101, 108, 134, 135
네트워크 외부성 142